紙バネ 紙ゼンマイ 輪ゴムで
わくわくおもちゃ

近藤芳弘・石川ゆり子 著
（K&B STUDIO）

PHP
ビジュアル
実用BOOKS

はじめに

私たちにとって、身近な素材である「紙」。

以前はものを書く、印刷する、それを読むといった役割を果たすのに欠かせないものでしたが、最近では携帯電話やパソコンなどのデジタルツールの普及によりあまり使われなくなってきています。

しかし、工作では、紙は大切な基本の素材のままです。折ったり丸めたりはり合わせたりすることで立体になり、形をつくるほか、もようやデザインを表すためにも、さまざまな紙が利用されます。

この本でも紙バネ、紙ゼンマイを中心にした工作を紹介しています。細く切った紙を折って組み合わせていくという単純なくり返しで作る紙バネは、やさしい弾力をもって伸び縮みする面白い素材となり、ゆらしても楽しい動きをします。また、まきつきバネや紙ゼンマイを作ってみると、紙をまくことで思わぬ力が生まれることがわかります。このように紙のもつ力は、紙の厚さや重さ、縦横の「目」、くせのつけ方によって微妙に変わります。本書を通して、いろいろ実験をしながら工作を楽しんでみましょう。新しい工作が発明されるかもしれません。また、輪ゴムの工作もたくさん紹介していますので、お友だちや家の人と遊べる楽しい工作を、ぜひ作ってみてください。作りあげる喜び、作ったもので遊ぶ楽しさを味わっていただければと思います。

K & B STUDIO　近藤芳弘

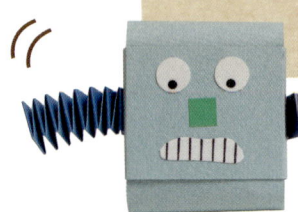

本書の特長
この本の見方

この本にはたのしく工作ができ、作品をスムーズに作ることができるヒントが盛りだくさん！
まずはじめに"この本の見方"について読んでおこう。

★ 5つのテーマに分かれています。

- とばす
- かわる・かえる
- まわす・まわる
- ゆらす・ゆれる
- あそぶ

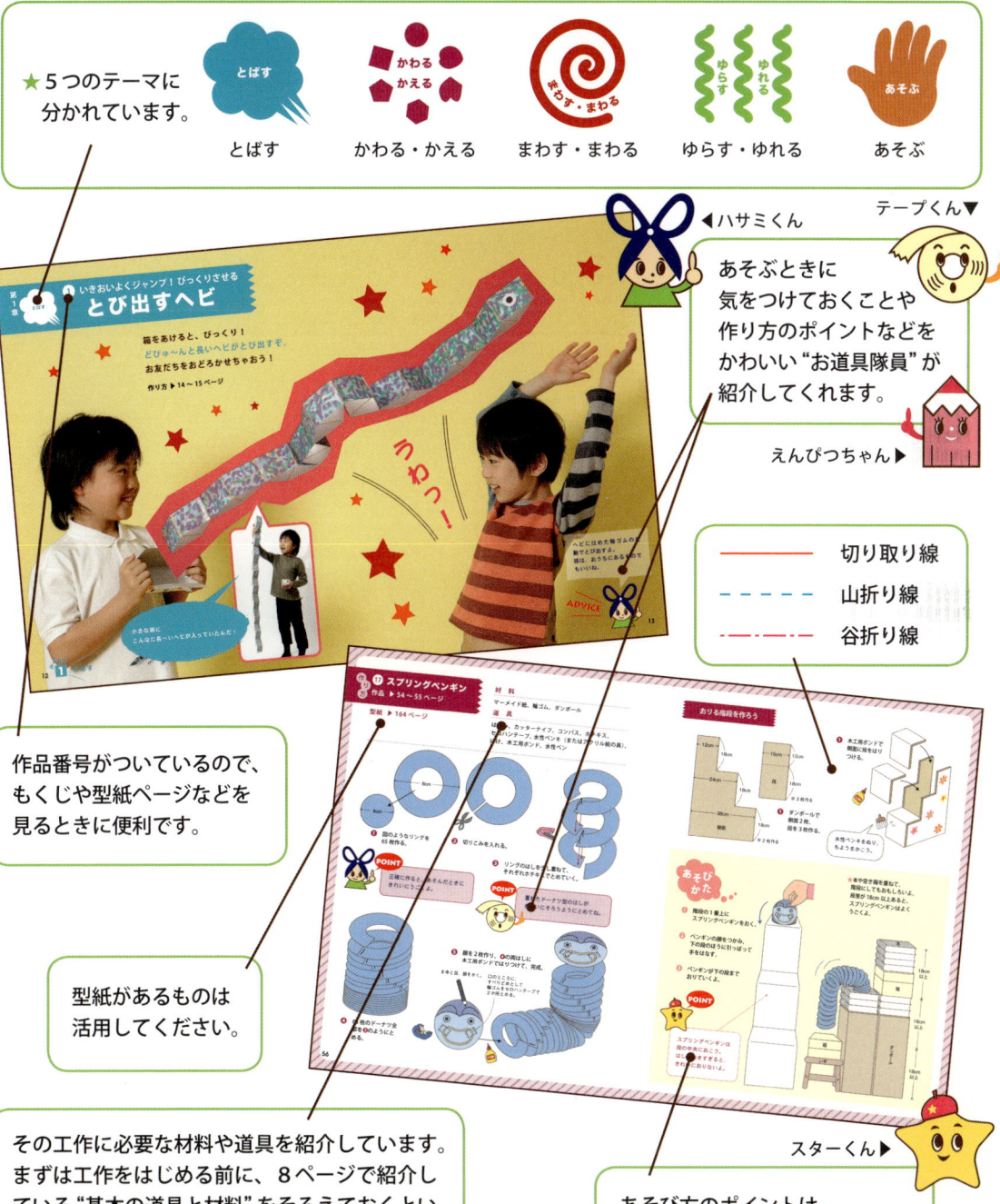

◀ハサミくん
テープくん▶
えんぴつちゃん▶
スターくん▶

あそぶときに気をつけておくことや作り方のポイントなどをかわいい"お道具隊員"が紹介してくれます。

― 切り取り線
--- 山折り線
-・- 谷折り線

作品番号がついているので、もくじや型紙ページなどを見るときに便利です。

型紙があるものは活用してください。

その工作に必要な材料や道具を紹介しています。まずは工作をはじめる前に、8ページで紹介している"基本の道具と材料"をそろえておくといいでしょう。

あそび方のポイントはスターくんが紹介してくれます。

もくじ / CONTENTS

- はじめに 2
- 本書の特長 3
- 基本の道具と材料 8
- 紙の見方・輪ゴムのつなぎ方 9
- 紙バネ＆紙ゼンマイの基本の作り方 ... 10

第1章 とばす

指ではじくことで、遠くへとばしたり、お友だちをおどろかせたりすることができる11作品を紹介。

1. とび出すヘビ ・・・・・ 12
   ▶ 作り方 14
2. スーパークロスボウ ・・ 16
   ▶ 作り方 18
3. ハイジャンプ ・・・・・ 17
   ▶ 作り方 19
4. ゴムでっぽう ・・・・・ 20
   ▶ 作り方 22
5. カエルジャンプ ・・・・ 24
   ▶ 作り方 26
6. レーシングカー ・・・・ 25
   ▶ 作り方 27
7. イルカの輪なげ ・・・・ 28
   ▶ 作り方 30
8. キツネのす ・・・・・・ 29
   ▶ 作り方 31
9. 石なげマシーン ・・・・ 32
   ▶ 作り方 34
10. はらはらロケットゲーム 36
    ▶ 作り方 38
11. 輪ゴムとばし ・・・・・ 37
    ▶ 作り方 39

アレンジ 1 星のフォトフレーム 40

第2章 かわる・かえる

形がかわったり、色がかわったり……いろいろな変化をたのしむことができる8作品を紹介。

- ⑫ 絵かわりボックス・・・ 42
  - ▶ 作り方 44
- ⑬ ふしぎなゴミ箱・・・・ 43
  - ▶ 作り方 45
- ⑭ 色かわりリング・・・・ 46
  - ▶ 作り方 48
- ⑮ ジャンプボックス・・・ 50
  - ▶ 作り方 52
- ⑯ びゅんびゅんぼう・・・ 51
  - ▶ 作り方 53
- ⑰ スプリングペンギン・・ 54
  - ▶ 作り方 56
- ⑱ チラシびっくり箱・・・ 58
  - ▶ 作り方 60
- ⑲ もどるくるま・・・・・ 59
  - ▶ 作り方 61

アレンジ2 しましまピクチャーフレーム 62

第3章 まわす・まわる

ゼンマイをまくことで進んだり、息をふきかけると、うごきがかわったりする10作品を紹介。

- ⑳ 水車つきふね・・・・・ 64
  - ▶ 作り方 66
- ㉑ ふきゴマ・・・・・・・ 68
  - ▶ 作り方 70
- ㉒ ゾウのヨーヨー・・・・ 69
  - ▶ 作り方 71
- ㉓ シャボンだまピエロ・・ 72
  - ▶ 作り方 74
- ㉔ くるくるミニ風ぐるま・・ 76
  - ▶ 作り方 78
- ㉕ ひこうきタワー・・・・ 77
  - ▶ 作り方 79
- ㉖ ロボットトリオ・・・・ 80
  - ▶ 作り方 82
- ㉗ パンダ・・・・・・・・ 81
  - ▶ 作り方 83
- ㉘ メリーゴーランド・・・ 84
  - ▶ 作り方 86
- ㉙ ロードローラー・・・・ 88
  - ▶ 作り方 90

アレンジ3 マジックおばけハウス....92

第4章 ゆらす・ゆれる

自分の手の力の入れ具合で、さまざまなうごき方をする13作品を紹介。

- ㉚ ヘビ ･･･････ 94
  - ▶ 作り方 ･････ 96
- ㉛ スイングドッグ ････ 98
  - ▶ 作り方 ･････ 100
- ㉜ バランスゲーム ････ 99
  - ▶ 作り方 ･････ 101
- ㉝ あるくサボテン ････ 102
  - ▶ 作り方 ･････ 104
- ㉞ タコ ･･･････ 103
  - ▶ 作り方 ･････ 105
- ㉟ ダチョウのマリオネット ･ 106
  - ▶ 作り方 ･････ 108
- ㊱ ウサギのダンス ････ 110
  - ▶ 作り方 ･････ 112
- ㊲ うきうきカスタネット ･･ 111
  - ▶ 作り方 ･････ 113
- ㊳ とんとんずもう ････ 114
  - ▶ 作り方 ･････ 116
- ㊴ 正直者のサル ････ 115
  - ▶ 作り方 ･････ 117
- ㊵ コアラ ･･････ 118
  - ▶ 作り方 ･････ 120
- ㊶ びっくりピエロ ････ 119
  - ▶ 作り方 ･････ 121
- ㊷ とべとべプテラノドン ･･ 122
  - ▶ 作り方 ･････ 124

アレンジ④ モザイクボックス ･･････ 126

第5章

あそぶ

ひとりでも、お友だちや親子でもいっしょにあそべる13作品を紹介。

㊸ マジックサーベル・・・128
▶ 作り方 130

㊹ プレーリードッグ・・・129
▶ 作り方 131

㊺ コリントゲーム・・・・132
▶ 作り方 134

㊻ シャクトリムシ・・・・136
▶ 作り方 138

㊼ カタツムリ・・・・・・137
▶ 作り方 139

㊽ アコーディオン・・・・140
▶ 作り方 142

㊾ ウクレレ・・・・・・・141
▶ 作り方 143

㊿ トコトコロボット・・・144
▶ 作り方 146

(51) 輪ゴムの刀・・・・・・148
▶ 作り方 150

(52) でかでかはく手マシーン・149
▶ 作り方 151

(53) マジックハンド・・・・152
▶ 作り方 154

(54) うちゅう飛行士・・・・156
▶ 作り方 158

(55) スピードロケット・・・157
▶ 作り方 159

アレンジ 5 天使のスイングモビール 160

コピーして使える！

型紙 ・・・・・・・・・・・ 161～175

基本の道具と材料

作品によって使う道具や材料はちがっても、
まずはここで紹介する"基本の道具と材料"を用意しておこう。
はじめに用意しておけば、落ち着いて、工作に取り組むことができるよ。

道具

- はさみ　・カッターナイフ
- カッターマット　・セロハンテープ
- のり
- ゴム系接着剤
  ※牛乳パックなど、つるつるした素材に適しています。
- 木工用接着剤
  ※ダンボールなどに適しています。紙同士をはり合わせるときにはがれやすいようでしたら、こちらを使うとよいでしょう。
- 両面テープ　・ホチキス
- えんぴつ　・消しゴム　・定規（30㎝〜）
- コンパス　・千枚通し　※穴をあけるために使います。
- 油性や水性ペン、水性ペンキなど

材料

- 色画用紙
- ケント紙
- マーメイド紙
- 厚紙（ボール紙）
- ダンボール
- 折り紙
- 牛乳パック
- 紙コップ
- ラップのしん
- わりばし
- 竹ひご
- つまようじ
- 輪ゴム
- 電池（おもり用）
  （単1、単2、単3電池）
- たこ糸
- ストロー
- クリップ

!注意

- 道具や材料の取り扱いには十分ご注意ください。特にお子さまが作る場合は、危険がないようにおうちのかたがそばで見ているようにしてください。
- はさみやカッターナイフなどで手を切らないように、注意してください。
- クリップやスーパーボールなどを誤って飲み込まないように、注意してください。また、作ったおもちゃであそぶ場合も、おもちゃをふりまわしたり、誤飲がないように気をつけましょう。
- お友だち同士であそぶ場合も、人に向けてあてたりしないように、事前にお話をしておくとよいでしょう。

紙の見方

**紙にはタテ目、ヨコ目という紙の方向があるよ。
紙を切るときに、このタテ・ヨコのどちらの向きで切るかが
とても大切なことなので、まずはそのちがいを覚えておこう。**

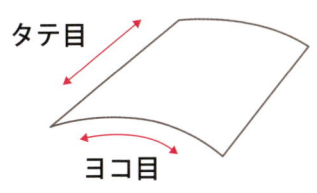 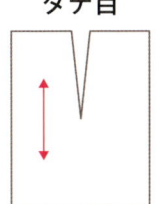

タテ目は、曲がりにくくて、強い。
ヨコ目は、曲がりやすい。

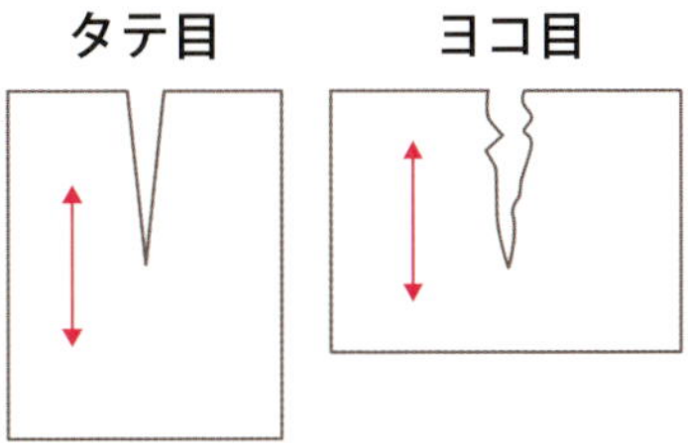

タテ目はまっすぐにさける。
ヨコ目はさけにくい。

作品を作るときも、紙の向き（タテ目かヨコ目か）を考えてね。
紙ゼンマイやまきつきバネを作るときは、曲がりやすい向き（ヨコ目）でまいて使います。

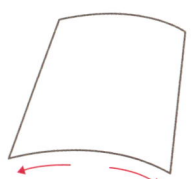 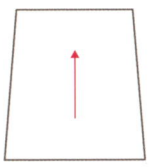 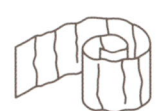

曲がりやすい　　曲がりにくい

曲がりにくい向きでまくと、
しわしわのゼンマイになってしまうよ！

※ 紙の向きがほとんどない紙もあります。

輪ゴムのつなぎ方

①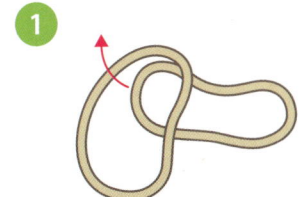
いっぽうの輪ゴムに
もういっぽうの輪ゴムを
くぐらせる。

②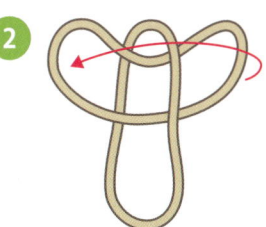
図のように
くぐらせる。

③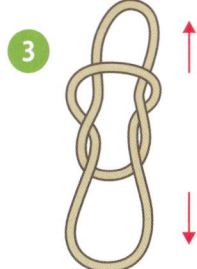
上下に引っぱって
つなぐ。

紙バネ＆紙ゼンマイの基本の作り方

紙バネ、紙ゼンマイの基本の作り方をマスターすれば、
この本で紹介している作品もかんたんに作れるよ。
さあ、さっそくはじめてみよう！

紙バネの作り方

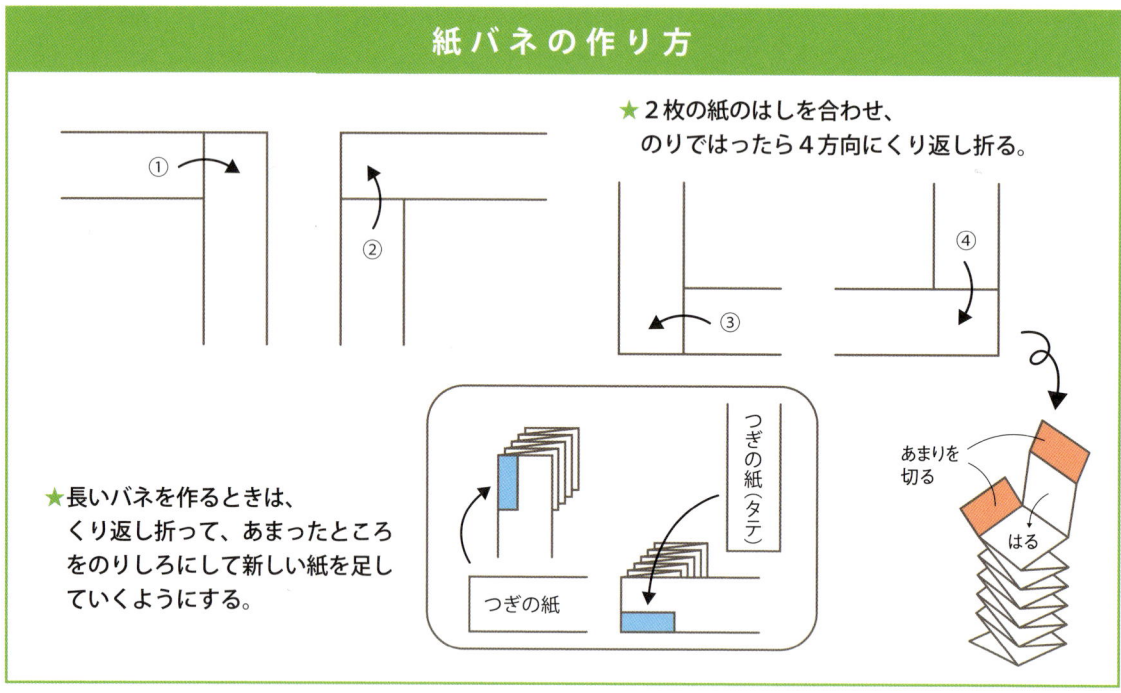

★ 2枚の紙のはしを合わせ、のりではったら4方向にくり返し折る。

★ 長いバネを作るときは、くり返し折って、あまったところをのりしろにして新しい紙を足していくようにする。

紙ゼンマイの作り方

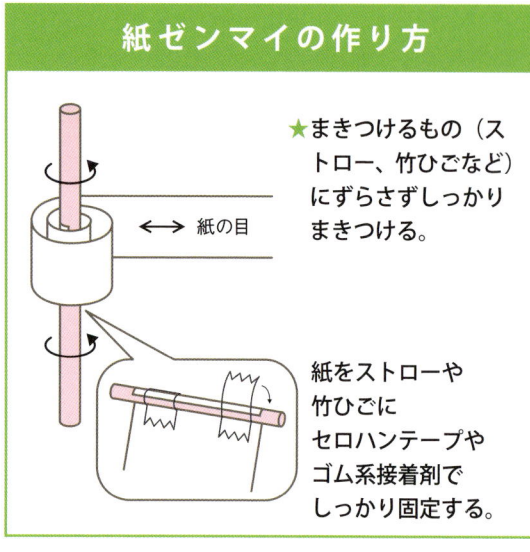

★ まきつけるもの（ストロー、竹ひごなど）にずらさずしっかりまきつける。

紙をストローや竹ひごにセロハンテープやゴム系接着剤でしっかり固定する。

まきつきバネの作り方

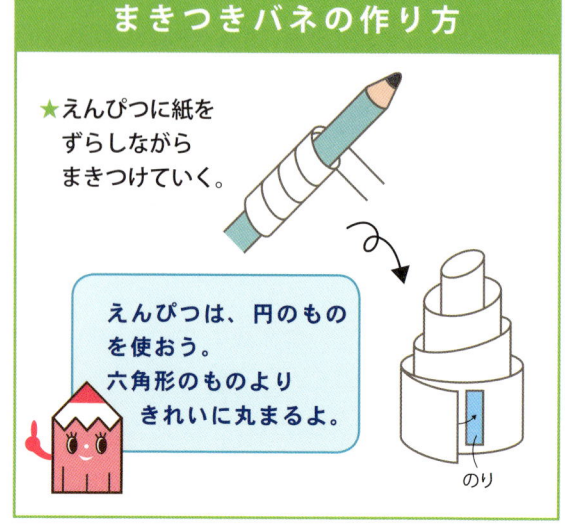

★ えんぴつに紙をずらしながらまきつけていく。

えんぴつは、円のものを使おう。六角形のものよりきれいに丸まるよ。

とばす

とび出すヘビ／スーパークロスボウ／ハイジャンプ／ゴムでっぽう／カエルジャンプ
レーシングカー／イルカの輪なげ／キツネのす／石なげマシーン
はらはらロケットゲーム／輪ゴムとばし・・・アレンジ／星のフォトフレーム

第1章 とばす

① いきおいよくジャンプ！びっくりさせる
とび出すヘビ

箱をあけると、びっくり！
どびゅ～んと長いヘビがとび出すぞ。
お友だちをおどろかせちゃおう！

作り方 ▶ 14～15ページ

小さな箱に
こんなに長～いヘビが入っていたんだ！

① とび出すヘビ

作品 ▶ 12〜13ページ

材　料
牛乳パック（1000ml）3本、輪ゴム9本、画用紙、厚紙

道　具
はさみ、カッターナイフ、定規、木工用接着剤、セロハンテープ、顔料ペン、シール（かざり用）

① 牛乳パックの上下を切り落として、高さ5cmの輪切りにする。全部で9こ作る。

② ①で切ったものすべてに、輪ゴムをかけるための切りこみを4か所入れる。切りこみのない辺を合わせて、セロハンテープでつなぐ。

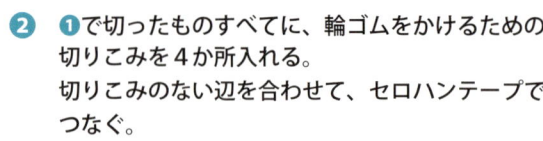
反対側もセロハンテープではる

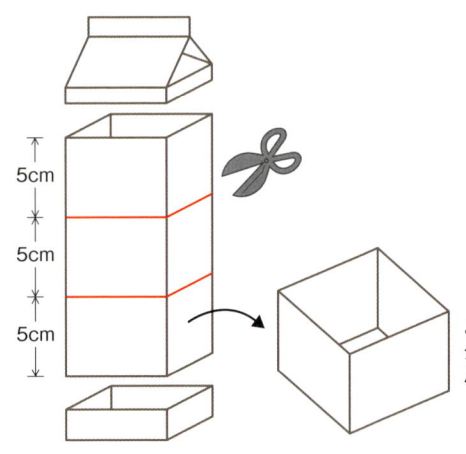
この形を全部で9こ用意するよ

POINT
ゴムの力がかかると、こわれやすいので、ていねいにセロハンテープをはってね。

③ 画用紙で目を作ってはる。顔料ペンで体にもようをかく。

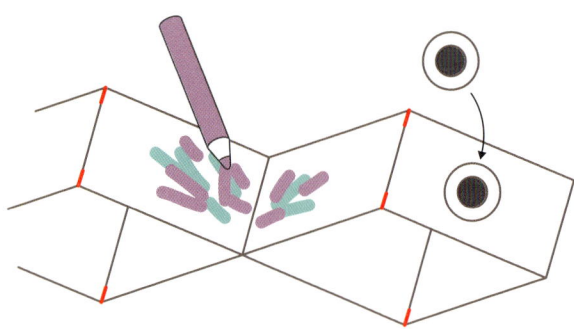

④ 切りこみに輪ゴムをかけてじゅんびオーケー！　ヘビの完成。

切りこみに輪ゴムをかける

POINT
ヘビの内側（真ん中）から輪ゴムをかけていくと、ほかの輪ゴムがはずれず、うまくかけられるよ。

ヘビを入れる箱を作ろう

箱はおうちにある空き箱を利用してもいいよ。
シールや画用紙をはったり、色をぬったりしてね。

① 図のように厚紙を切る。

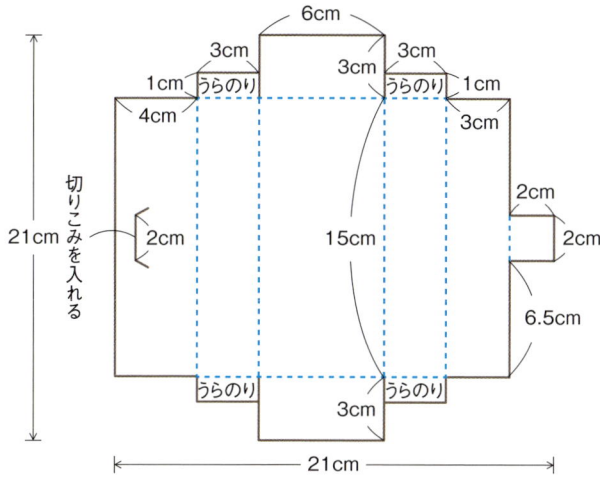

② 組み立てて、まわりをシールでかざって箱の完成。

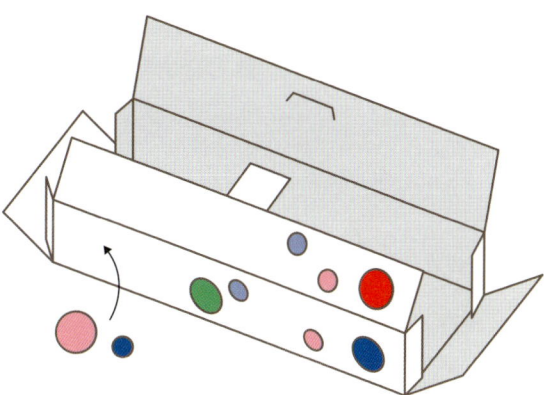

あそびかた

輪ゴムをのばすようにヘビをたたんで重ねる。箱の中に入れて、フタをとじる。ぱっとフタをあけると、いきおいよくヘビがとび出すよ。
お友だちに見せるときは、相手の顔をさけてとばしてね。

ヘビの節のあいだに小さく切った折り紙をはさんでたためば、とび出したとき、紙ふぶきが落ちてくるよ。

第1章 とばす

❷ 牛乳パックでかんたん！
スーパークロスボウ

目にもとまらぬはやさで
玉がとぶ。
スーパークロスボウの
パワーで
まとを
たおそう。

作り方 ▶ 18 ページ

ねらいをさだめたら、指をはなして！

何点取れるかな？

PART 1 とばす

第1章 とばす

❸ オリンピックをめざして！
ハイジャンプ

紙の力で**バーをこえられる**かな？
高さをかえて、どんどんチャレンジ！

作り方 ▶ 19ページ

よし、とべっ！

がんばれ！

コマは強めに
指でおさえてから
少しずらすと、
とびやすいよ。

ADVICE

作り方 ② スーパークロスボウ

作品 ▶ 16ページ

型紙 ▶ 161ページ

材料
牛乳パック（1000ml）、色画用紙（玉、まと用）、輪ゴム、うすいダンボール（厚紙でもよい）、おかしの空き箱（まと用）、ダンボール（まと用）

道具
はさみ、カッターナイフ、定規、ゴム系接着剤、セロハンテープ、両面テープ、水性ペンキ、はけ、水性ペン

① 牛乳パックの口をとじ、水性ペンキで色をぬる。
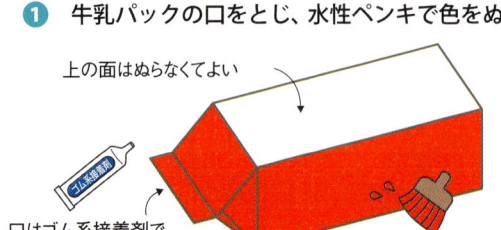
上の面はぬらなくてよい
口はゴム系接着剤でとめる

② パックの口の真ん中に輪ゴムをかけるための切りこみを2か所入れる。
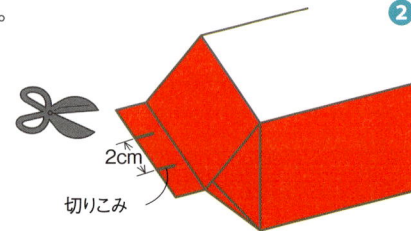
2cm
切りこみ

③ パックの大きさに合わせて、うすいダンボールでクロスボウを作り、パックにはる。
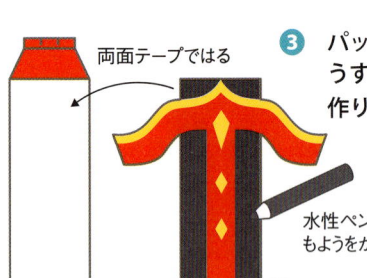
両面テープではる
水性ペンでもようをかく

④ 切りこみに輪ゴムをかけ、セロハンテープでとめたら、完成。
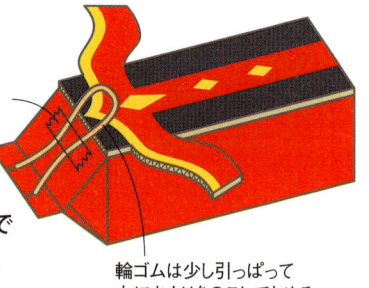
セロハンテープ
輪ゴムは少し引っぱって上にあまりをのこしてとめる

玉とまとを作ろう

玉 色画用紙を切り、2回半分に折る。
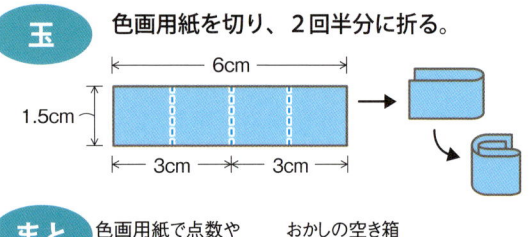
6cm / 1.5cm / 3cm / 3cm

まと
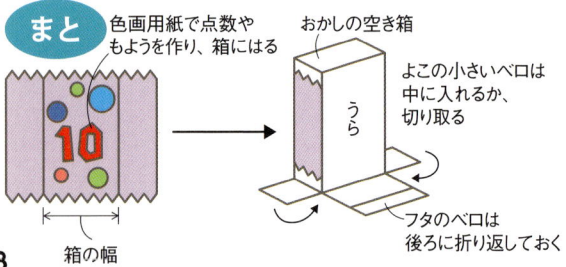
色画用紙で点数やもようを作り、箱にはる
おかしの空き箱
よこの小さいベロは中に入れるか、切り取る
うら
フタのベロは後ろに折り返しておく

あそびかた

まとをねらってとばそう！
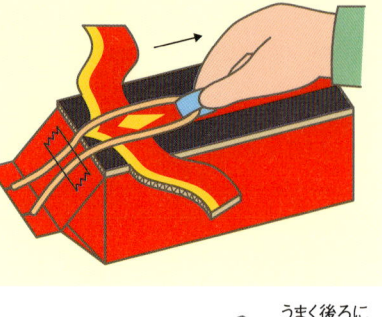
玉の折り目を輪ゴムにかけて引き、はなすと玉がとぶよ。

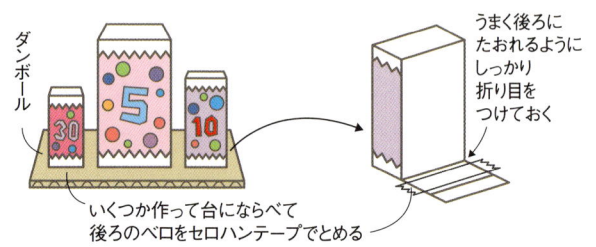
ダンボール
いくつか作って台にならべて後ろのベロをセロハンテープでとめる
うまく後ろにたおれるようにしっかり折り目をつけておく

材料
ダンボール、ラップのしん 2 本（26cm のもの）、つまようじ（10 本）、ストロー 2 本、ケント紙

道具
はさみ、定規、コンパス、千枚通し、カッターナイフ、木工用接着剤、セロハンテープ、水性ペンキ、はけ、水性ペン

③ ハイジャンプ
作品 ▶ 17 ページ

型紙 ▶ 161 ページ

❶ ダンボールに直径 5cm の円をかき、切り取って色をぬる。※2枚作る。

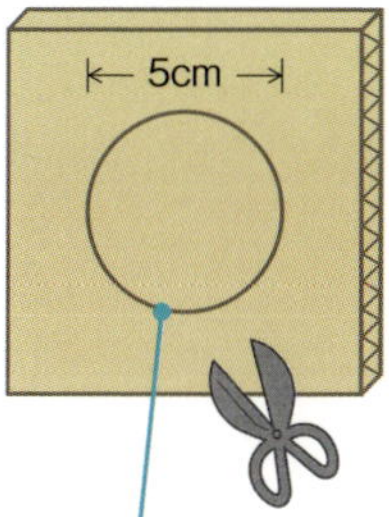

POINT はじめにダンボールを小さめに切っておくと、あとで円を切り取るときにラクチンだよ。

❷ ラップのしんに穴をあけ、水性ペンキで色をぬる。❶にはる。※2こ作る。

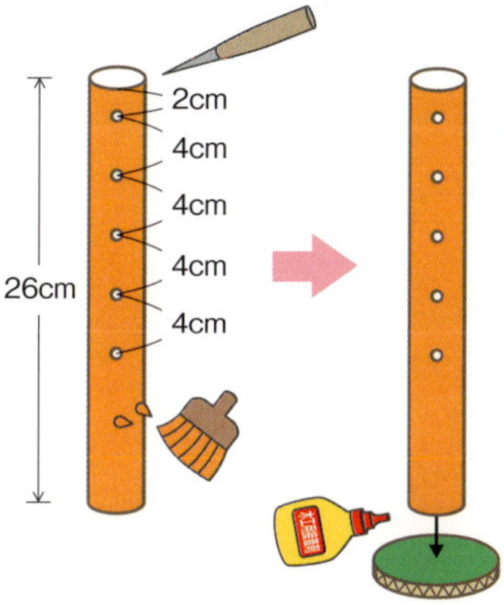

（26cm、2cm、4cm、4cm、4cm、4cm）

❸ つまようじを先から 4cm 残して切る。切ったつまようじを❷の穴にさす。

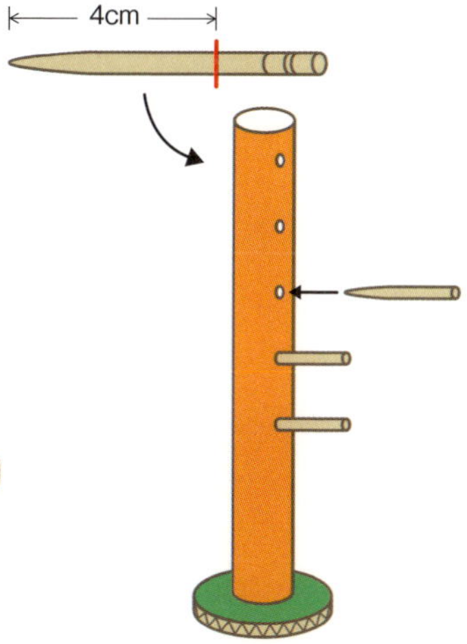

❹ ストロー 2 本をセロハンテープでつなぐ。しんにさしたつまようじにセットして、完成。

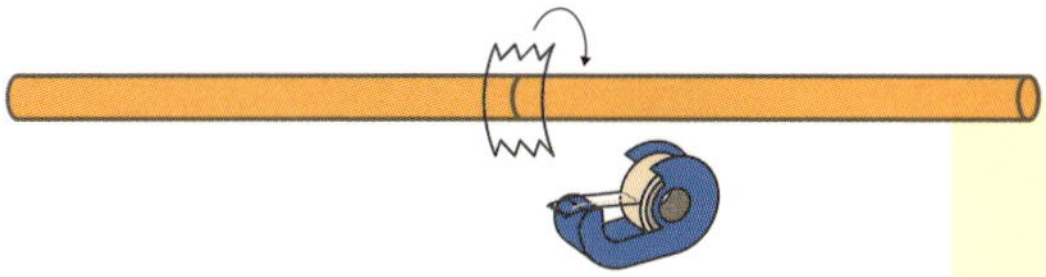

❺ ケント紙にカエルやウサギなどすきなどうぶつの絵をかき、色をぬってはる。

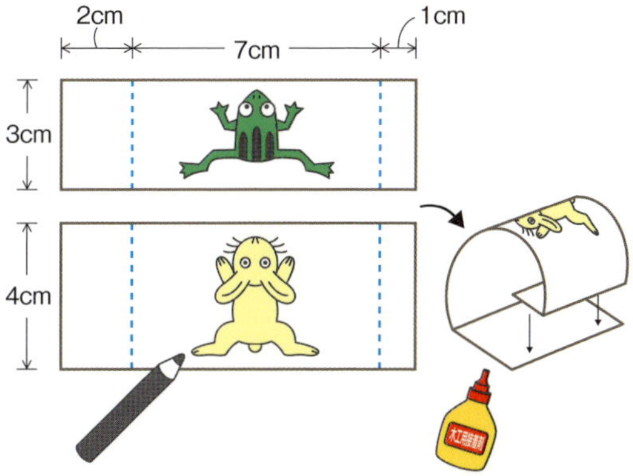

（2cm、7cm、1cm、3cm、4cm）

あそびかた
❶ ストローをすきな高さにセットする。
❷ コマを指でおしつけて、ずらしてとばす。
❸ ストローが落ちたり、とどかなかったら、やり直し。

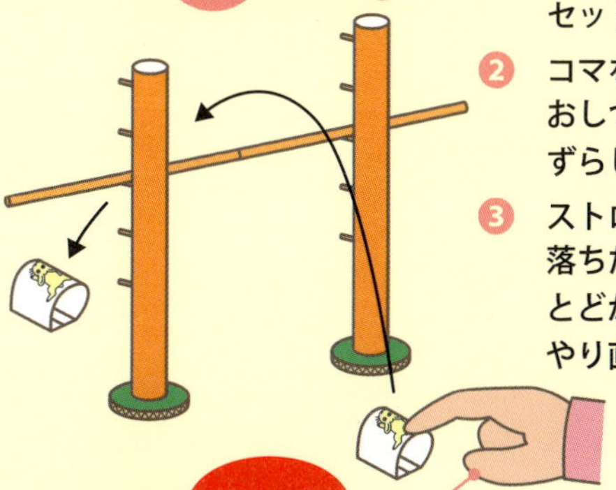

POINT 何回もチャレンジしてとばし方のコツをつかもう！

第1章 とばす

④ びゅんびゅんとぶ ゴムでっぽう

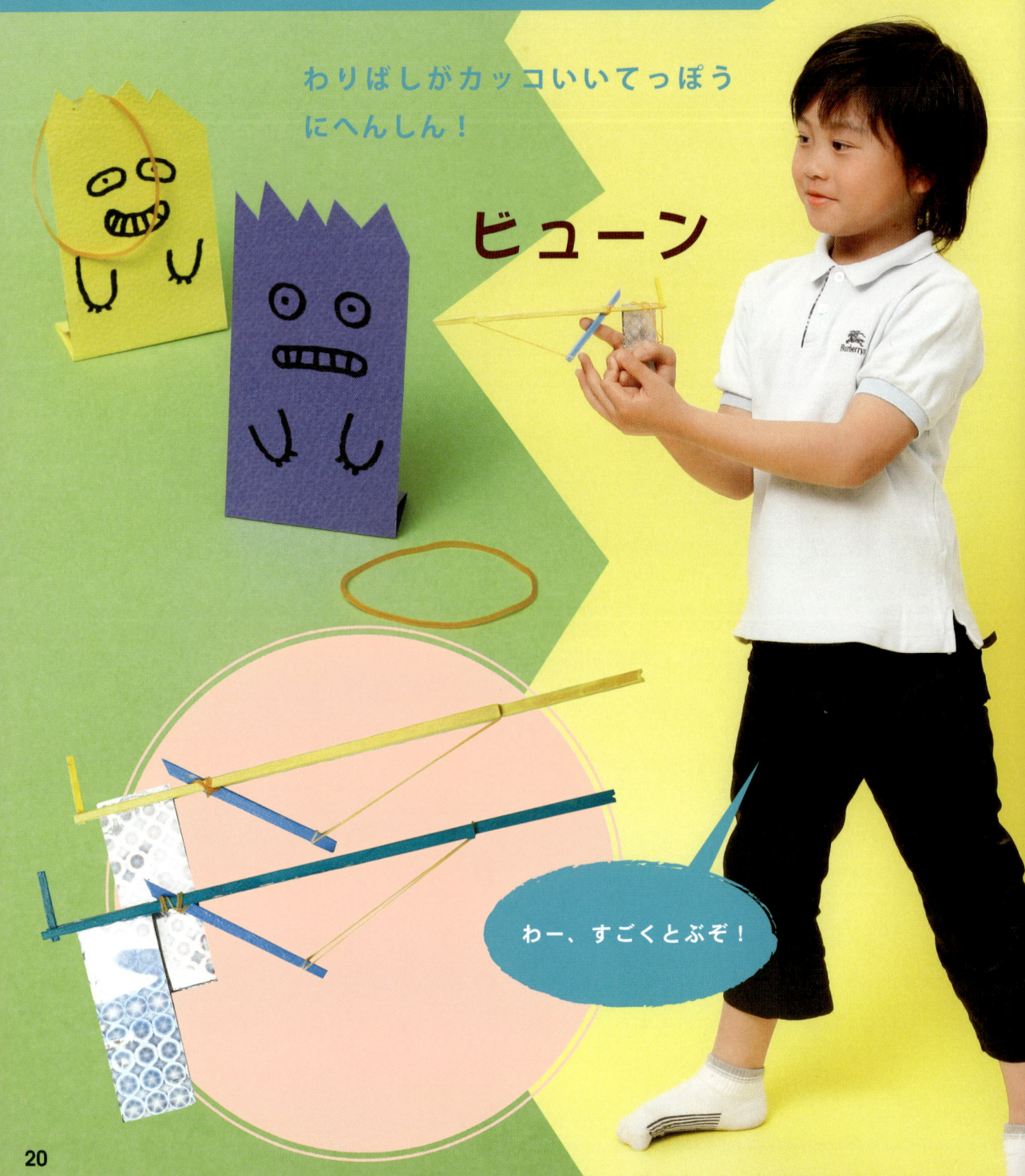

わりばしがカッコいいてっぽうにへんしん！

ビューン

わー、すごくとぶぞ！

作り方 ④ ゴムでっぽう
作品 ▶ 20〜21ページ

材料
わりばし4本、輪ゴム、ダンボール、色画用紙

道具
はさみ、カッターナイフ、定規、水性ペンキ（またはアクリル絵の具）、はけ、木工用接着剤、水性ペン、工作用のこぎり

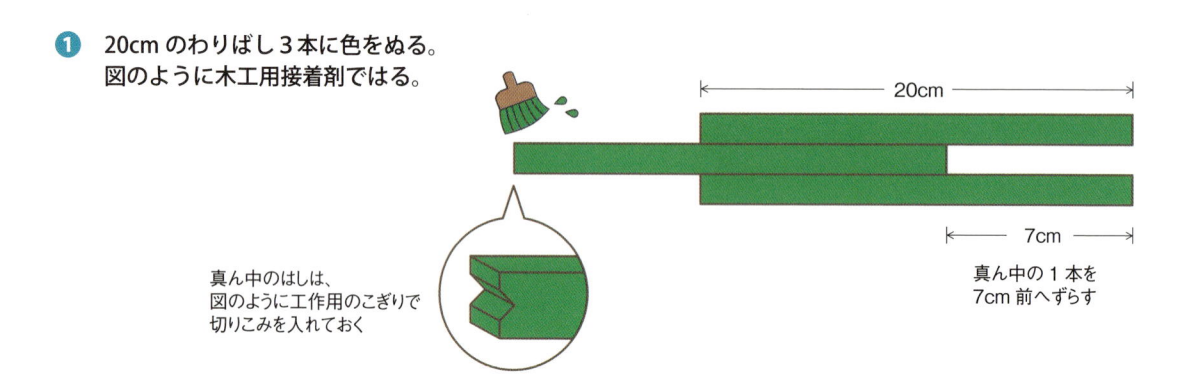

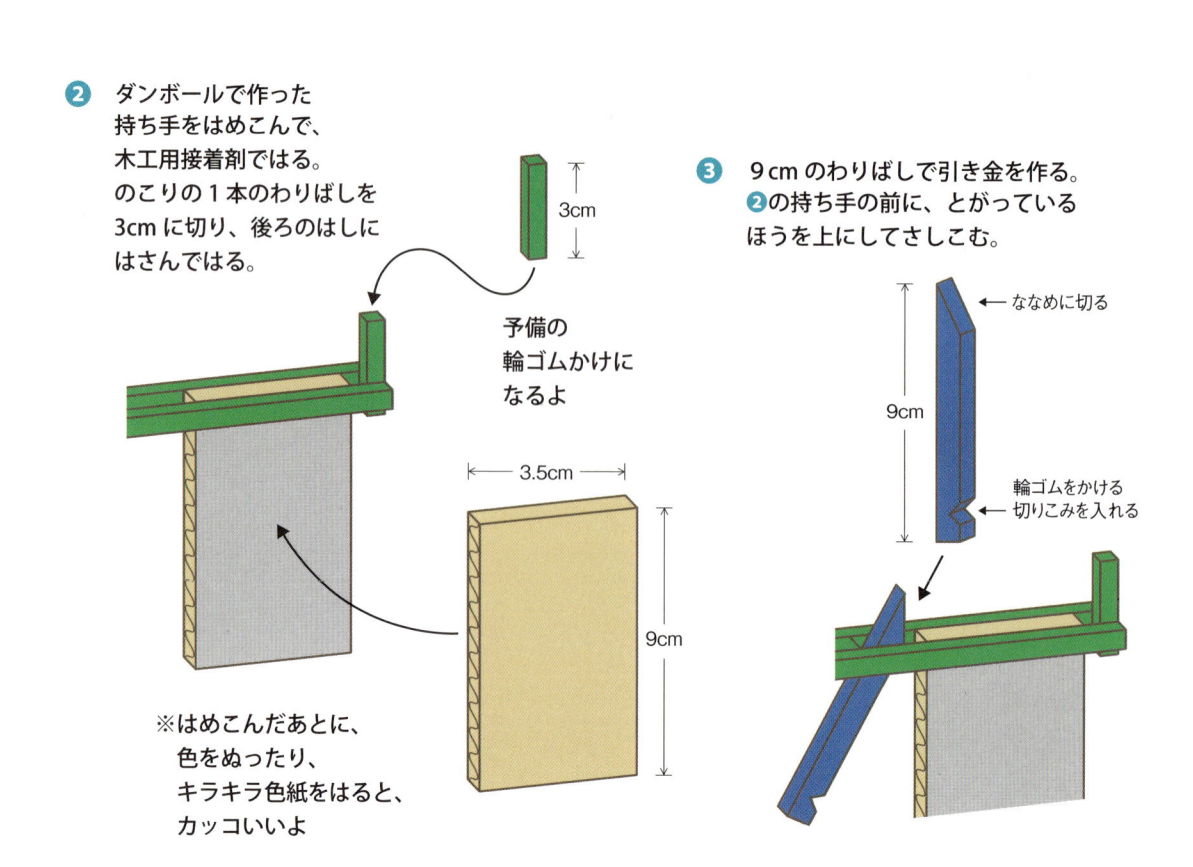

① 20cmのわりばし3本に色をぬる。図のように木工用接着剤ではる。

真ん中のはしは、図のように工作用のこぎりで切りこみを入れておく

20cm
7cm
真ん中の1本を7cm前へずらす

② ダンボールで作った持ち手をはめこんで、木工用接着剤ではる。のこりの1本のわりばしを3cmに切り、後ろのはしにはさんではる。

3cm
予備の輪ゴムかけになるよ

3.5cm
9cm

※はめこんだあとに、色をぬったり、キラキラ色紙をはると、カッコいいよ

③ 9cmのわりばしで引き金を作る。②の持ち手の前に、とがっているほうを上にしてさしこむ。

ななめに切る
9cm
輪ゴムをかける切りこみを入れる

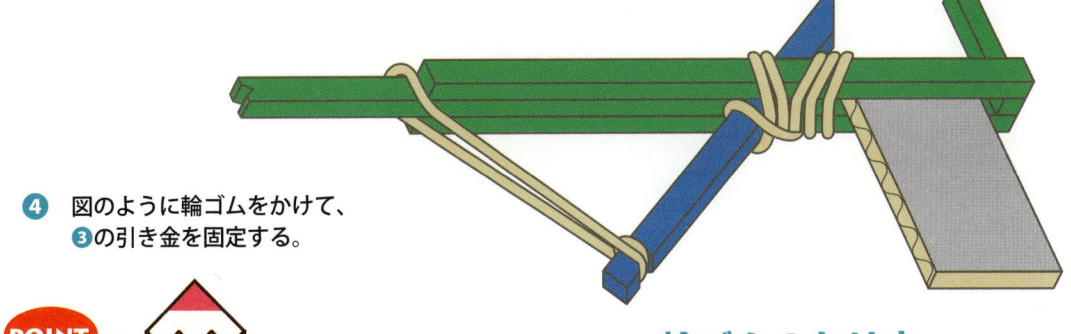

❹ 図のように輪ゴムをかけて、❸の引き金を固定する。

POINT

引き金を固定するときは、ゴムを強めにまこう。古いゴムは切れやすいので、注意してね。

輪ゴムのかけ方

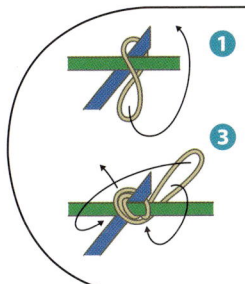

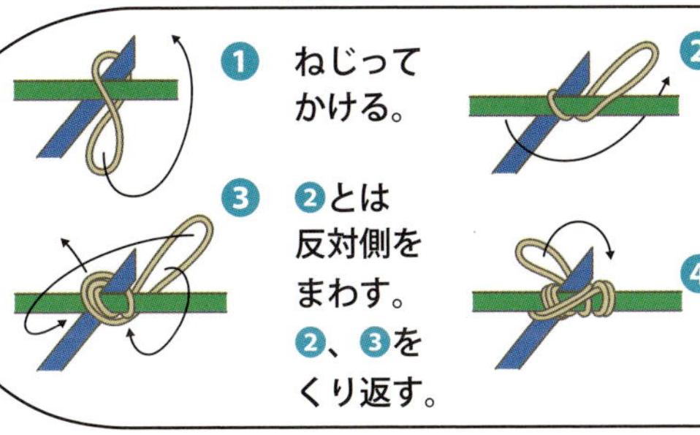

❶ ねじってかける。
❷ 輪ゴムをまとめて持ち、図のようにまわす。
❸ ❷とは反対側をまわす。❷、❸をくり返す。
❹ 最後は輪を引っかける。

POINT

てっぽうに引っかける輪ゴムは小さめのものをえらぶといいよ。ゴムがピンとはってとびやすくなるよ。

❺ まとになる人形（おばけ）を作る。

顔と手をかく

この長さをいろいろかえてみよう

山折り　2cm
山折り
谷折り　2cm
うらのり　1cm

← 5cm →

折り線を折って、うらにのりづけして立たせる

うら
はる

あそびかた

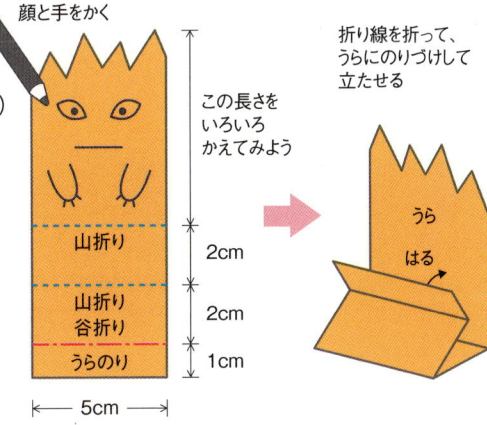

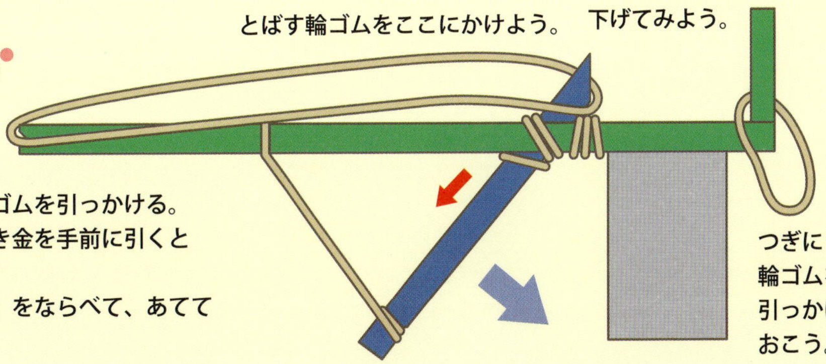

とばす輪ゴムをここにかけよう。

輪ゴムがとびにくいときは、引き金を赤いやじるしの方向に下げてみよう。

図のようにとばす輪ゴムを引っかける。持ち手を持って、引き金を手前に引くととぶよ。まとの人形（おばけ）をならべて、あててみよう。

つぎにうつ輪ゴムを引っかけておこう。

第1章 とばす

❺ 輪ゴムでぴょん！
カエルジャンプ

お友だちが見ていないうちに本や、箱の下にカエルをかくしておこう。どけてもらうと……。

ヒヒヒ。

うわぁっ!!

カエルがとび出してびっくり！

ひくくかまえて、
力をいっぱいたくわえて……、
いっきにジャンプ！
ぴょんと高くとばせるよ。

作り方 ▶ 26ページ

⑥ とび出すようにスタートするよ
レーシングカー

第1章 とばす

輪ゴムの力で
びゅんびゅん走るレーシングカー。
だれの作ったマシーンがはやいかな？

作り方 ▶ 27ページ

スタート！

行けっ！

25

作り方 ❺ カエルジャンプ

作品 ▶ 24 ページ

型紙 ▶ 161 ページ

材　料
牛乳パック（500ml）、色画用紙、画用紙、輪ゴム

道　具
はさみ、カッターナイフ、ゴム系接着剤、定規、のり、水性ペンキ、はけ、水性ペン

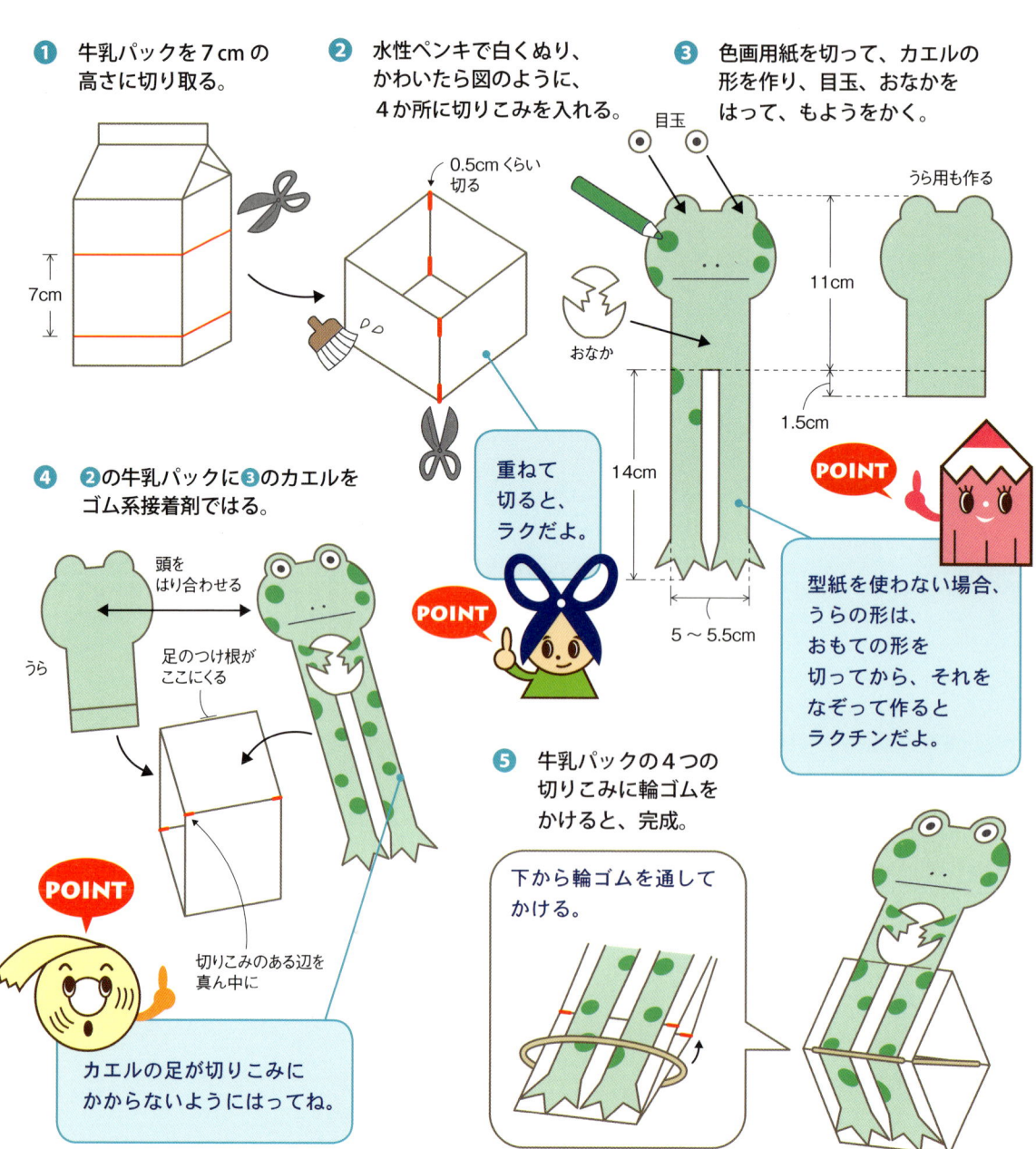

❶ 牛乳パックを7cmの高さに切り取る。

❷ 水性ペンキで白くぬり、かわいたら図のように、4か所に切りこみを入れる。

❸ 色画用紙を切って、カエルの形を作り、目玉、おなかをはって、もようをかく。

❹ ❷の牛乳パックに❸のカエルをゴム系接着剤ではる。

❺ 牛乳パックの4つの切りこみに輪ゴムをかけると、完成。

POINT 重ねて切ると、ラクだよ。

POINT 型紙を使わない場合、うらの形は、おもての形を切ってから、それをなぞって作るとラクチンだよ。

POINT カエルの足が切りこみにかからないようにはってね。

下から輪ゴムを通してかける。

作り方 ⑥ レーシングカー

作品 ▶ 25 ページ

型紙 ▶ 162 ページ

材料
ダンボール、画用紙、色画用紙、
電池2本（単3電池、おもり用）、
せんたくばさみ2こ（つまみの先に穴があるもの）、
竹ひご、輪ゴム

道具
はさみ、カッターナイフ、定規、コンパス、
木工用接着剤、セロハンテープ、千枚通し、
水性ペンキ、はけ、両面テープ、水性ペン

❶ 型紙に合わせてダンボールを切って、車とタイヤを作る。

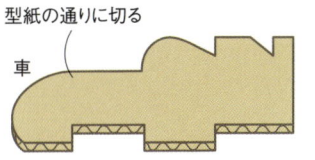
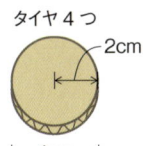

❷ ❶に水性ペンキで色をぬり、画用紙や色画用紙でもようをつける。

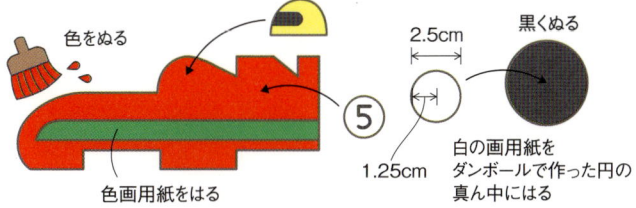

❸ タイヤ4つに穴をあけ、そのうち2つにそれぞれ竹ひごを通す。

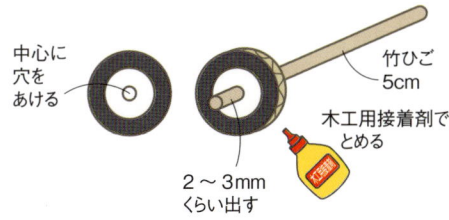

❹ 図のように、車に電池をつけ、せんたくばさみをはさむ。

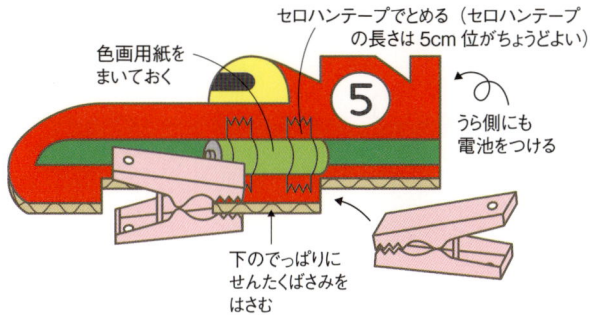

❺ タイヤのついた竹ひごをせんたくばさみの穴に通し、竹ひごの先にもういっぽうのタイヤをはめてとめる。

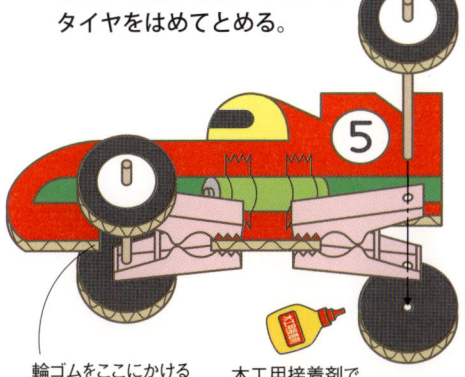

❻ 図のようにスタート台を作ったら、完成。

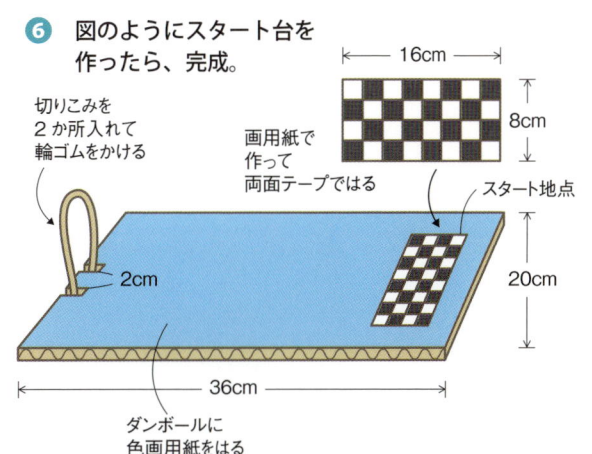

第1章 とばす

❼ ジャンプでキャッチ！
イルカの輪なげ

とうめいパックを手に持って
ふると、イルカがくびやヒレで
輪ゴムのフープをキャッチ！
さて、つぎは何本キャッチできるかな？

作り方 ▶ 30ページ

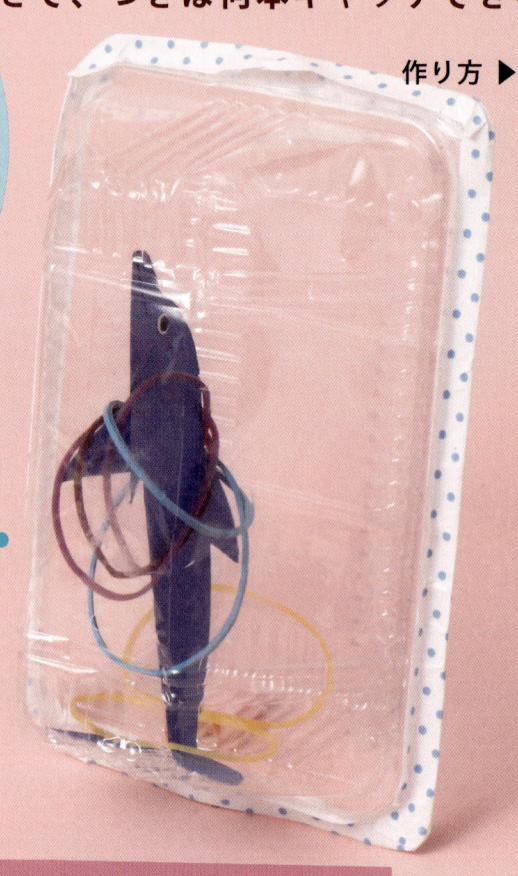

ナイスキャッチ！

ADVICE

ふって、なかなか
輪ゴムがイルカに
かからない場合は、
パックを一度下に向けて
上に返すと、
入りやすくなるよ。

❽ ぴょんぴょんとんで おうちに帰ろう
キツネのす

第1章 とばす

たくさんあそんだし、
そろそろおうちに帰ろうかな。
紙バネのキツネを **じょうずにジャンプ**
させて、すにもどしてあげてね。

作り方 ▶ 31 ページ

ぴょんっ

とばすときは、ほっぺたの
ところを指でおさえて
ずらすと、よくとぶよ。

ADVICE

作り方	**7 イルカの輪なげ** 作品 ▶ 28 ページ

型紙 ▶ 162 ページ

材　料
マーメイド紙、画用紙、輪ゴム、
とうめいの食品パック（おにぎりのパックなど）

道　具
はさみ、のり、ゴム系接着剤、マスキングテープ、
水性ペン

① マーメイド紙でイルカの形を2枚切りぬき、はり合わせる。胸ビレとしっぽは、はり合わせずに左右にひらく。

② イルカの口をかき、目をはる。

POINT
はじめにマーメイド紙を2つに折ってから切りぬくと、2枚になるよ。

③ 食品パックの上ブタにゴム系接着剤でしっぽをはって、イルカを立たせる。輪ゴムを何本か入れ、フタをしめて、マスキングテープでとめたら、完成。

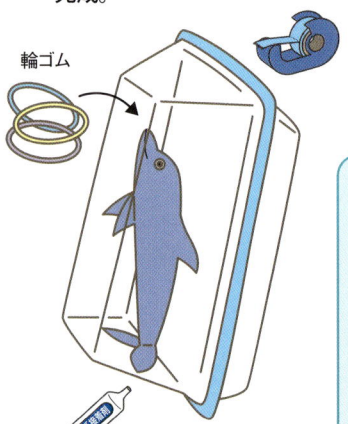

POINT
パックは中の空間が大きいものを使ってね。イチゴなどのパックを2つはり合わせてもいいよ。

あそびかた

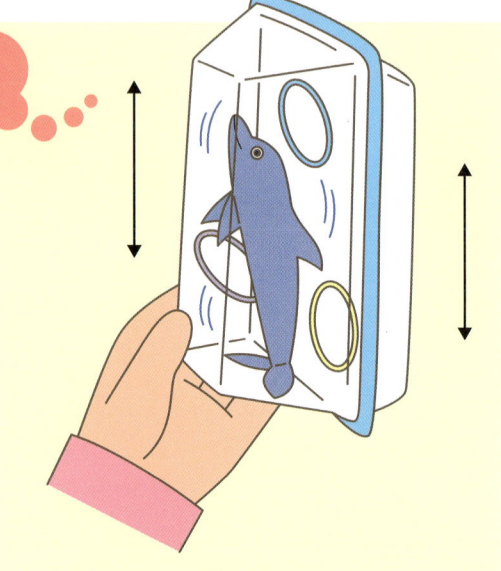

パックを手に持って上下にふり、中の輪ゴムをイルカのくびやヒレに引っかけてね。

材料
マーメイド紙、チーズの丸箱のフタ、色画用紙
道具
はさみ、定規、のり、油性ペン、コンパス

作り方 ⑧ キツネのす
作品 ▶ 29ページ
型紙 ▶ 162ページ

❶ 図の大きさの通り、マーメイド紙で紙バネを作る。
※基本の紙バネの作り方は、10ページを見てね。

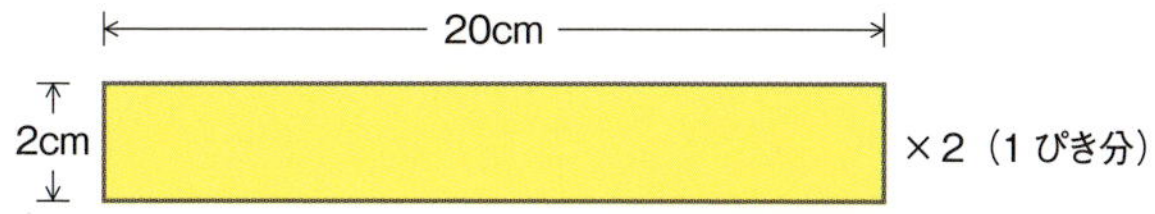

- 20cm × 2cm
- ×2（1ぴき分）

あまったところは切って、最後に折った面はのりづけする。
のりではる 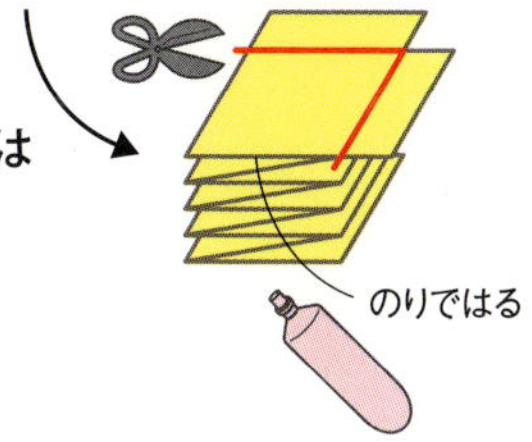

❷ 図のように角に鼻をかき、目とひげをかいたら、反対側の角の両側に耳を下からはる。

すぐうらにいっぽうの耳を、2枚目にもういっぽうの耳をのりづけする。

❸ ❷をひっくり返して、しっぽを図の位置にはったら、完成。

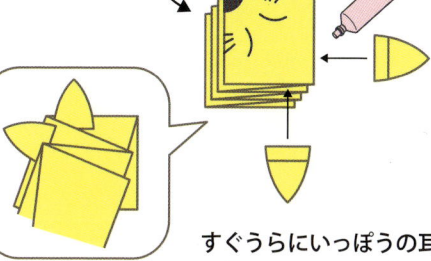

❹ チーズの丸箱のフタに色画用紙をはる。外側を草むらの形にしたら、"す"の完成。

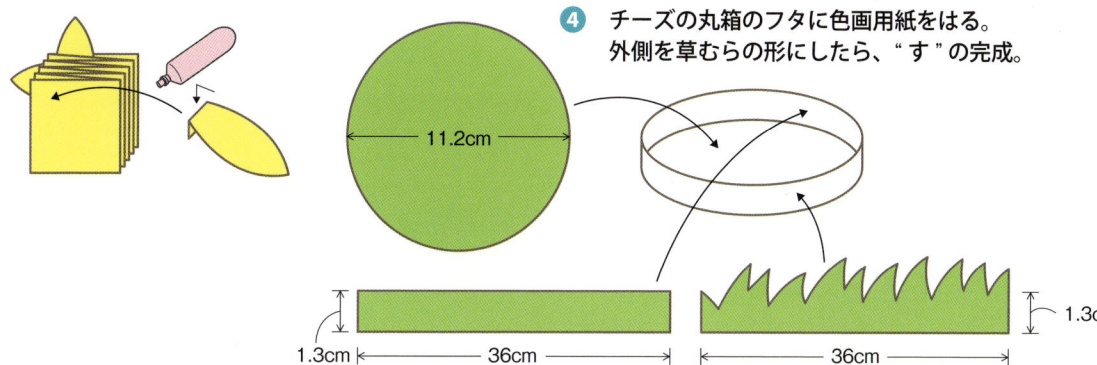

- 11.2cm
- 1.3cm、36cm ★内側にはる
- 36cm、1.3cm ★外側にはる

あそびかた

図の○の部分を指でおさえ、指をずらしてはずすと、ぴょんととぶよ。
しっぽを内側に折りたたんでおくと、とばしやすいよ。

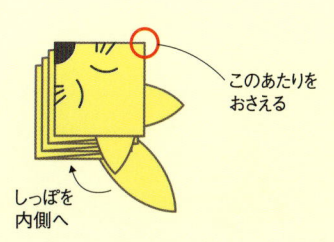

このあたりをおさえる
しっぽを内側へ

第1章 とばす

⑨ とばしてたのしむ
石なげマシーン

たおしたスプーンが
はね上がると、
石がとび出す！
みんなであそんでも
たのしいね。

作り方 ▶ 34～35ページ

石なげマシーンで
まとをたおそう！

作り方	❾ 石なげマシーン

作品 ▶ 32～33 ページ

材　料
牛乳パック（500ml）、
プラスチックのスプーン（16cm くらいのもの）、
ストロー、竹ひご、色画用紙、ダンボール、輪ゴム、
トイレットペーパーのしん（まと用）、
カラーティッシュ（石用）、両面テープ

道　具
はさみ、カッターナイフ、千枚通し、定規、両面テープ、
セロハンテープ、絵の具、筆

❶ 牛乳パックを図のように切って、外側の面に色画用紙をはる。

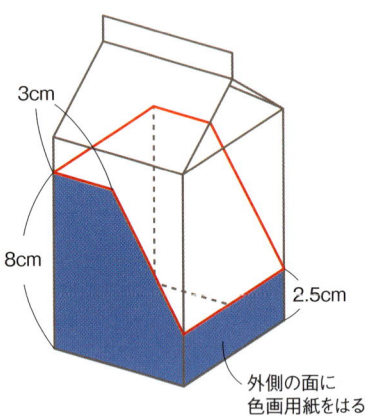

❷ 図のように4か所、穴をあける。

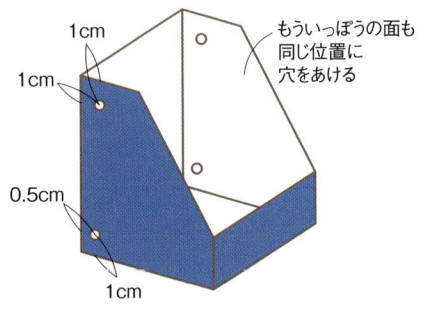

❸ 上の穴に輪ゴムを通し、竹ひごをはさんでセロハンテープでとめる。

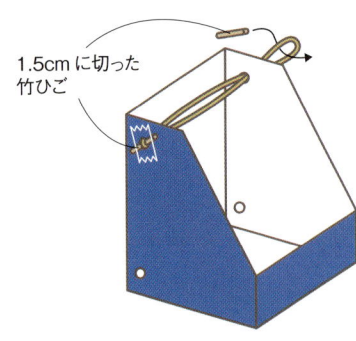

❹ プラスチックのスプーンのえにストローを図のように輪ゴムでとめる。

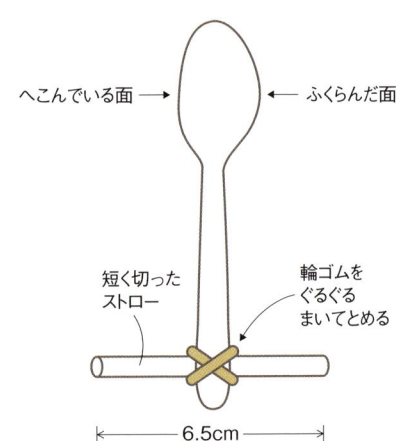

❺ 図のように❹を❸に入れ、下の穴に竹ひごをさして、ストローの中を通し、反対の面に出す。

❻ ダンボールで台を作り、❺をはったら、完成。

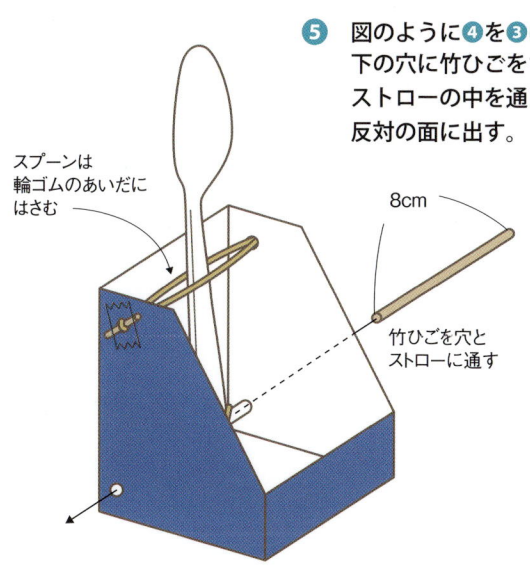

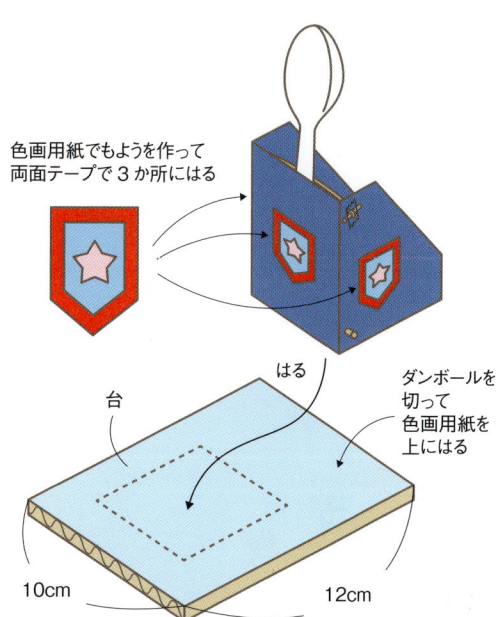

石とまとを作ろう

まと トイレットペーパーのしんの下に切りこみを入れ、絵の具でもようをつける。

すきなもようをかこう

石 カラーティッシュ（お花紙）をスプーンにのる大きさに丸める。

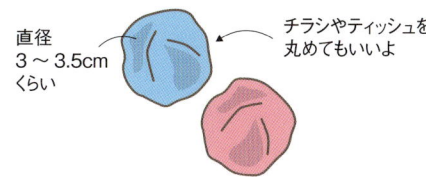

直径3〜3.5cmくらい

チラシやティッシュを丸めてもいいよ

あそびかた

石をスプーンにのせる

スプーンを後ろにたおし、石をのせ、手をはなして石をとばそう！まとをたおせるかな？

第1章 とばす

⑩ どれをえらぶ？
はらはらロケットゲーム

きんちょうしちゃうな！

ロケットを
おばけにかえても
おもしろいよ。

ADVICE

どこかのスティックをぬくと、
ロケットがとび出すぞ！
お友だちとあそんで盛り上がろう。

作り方 ▶ 38ページ

PART 1 とばす

36

⑪ 高得点をねらっちゃお！
輪ゴムとばし

第1章 とばす

台にかかれた
点をねらって、はじいてみよう。
ぴゅ～んと
とんだ輪ゴムは
どこに入ったかな？

作り方 ▶ 39ページ

ぴゅ～ん

とばすときは
指に力を入れて
はじいてね。

ADVICE

輪ゴムをはっしゃ台にのせてね。
いっぽうの手で下の台をしっかり
おさえながら、もういっぽうの手の指を
強くずらすとよくとぶよ。
輪ゴムは、バネの真上あたりにおいてね。

⑩ はらはらロケットゲーム

作り方
作品 ▶ 36ページ
型紙 ▶ 162ページ

材 料
色画用紙、ダンボール、厚紙、輪ゴム、つまようじ8本

道 具
はさみ、カッターナイフ、定規、木工用接着剤、千枚通し、油性ペン

---

❶ 図の大きさのダンボールに色画用紙をはり、図の位置に千枚通しでつまようじが通る穴をあける。上の中央にも穴を1つあける。

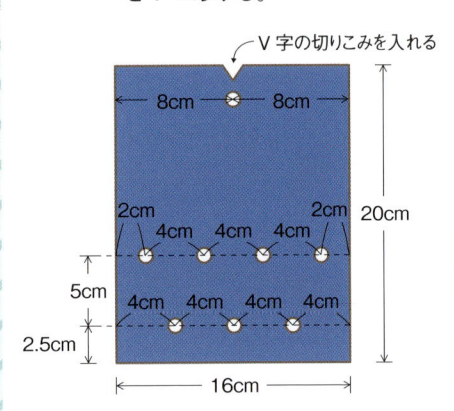

V字の切りこみを入れる
8cm・8cm
2cm・4cm・4cm・4cm・2cm
20cm
5cm
4cm・4cm・4cm・4cm
2.5cm
16cm

❷ 図の大きさのダンボールに色画用紙をはって、あし（ささえ）を2枚作る。

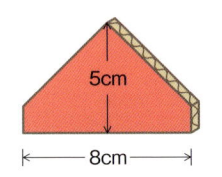

5cm
8cm

❸ ❷のあし（ささえ）を❶の両はしの下にはる。つまようじ7本の先を5mmくらい切り、色をぬって下の穴にさしこむ。のこり1本は1.5cmに切り、木工用接着剤をつけて上の穴にさしこむ。

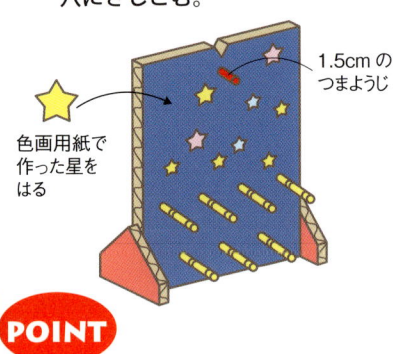

1.5cmのつまようじ
色画用紙で作った星をはる

POINT 星型に切りぬいた紙、またはシールをはるとカッコいいよ。つまようじの先は爪きりで切ると切りやすいよ。

❹ 型紙に合わせて、厚紙でロケットカードを作る。

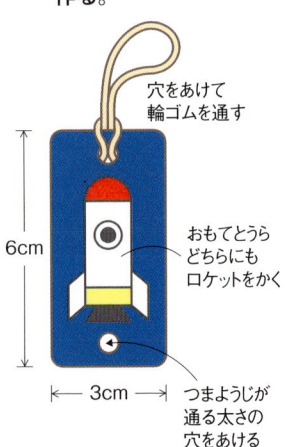

穴をあけて輪ゴムを通す
6cm
おもてとうらどちらにもロケットをかく
3cm
つまようじが通る太さの穴をあける

あそびかた

ロケットカードの輪ゴムを短いつまようじにかけ、引っぱってうら側のすきなつまようじにロケットカードを引っかけて、じゅんびOK。お友だちにすきなつまようじをぬいてもらおう。

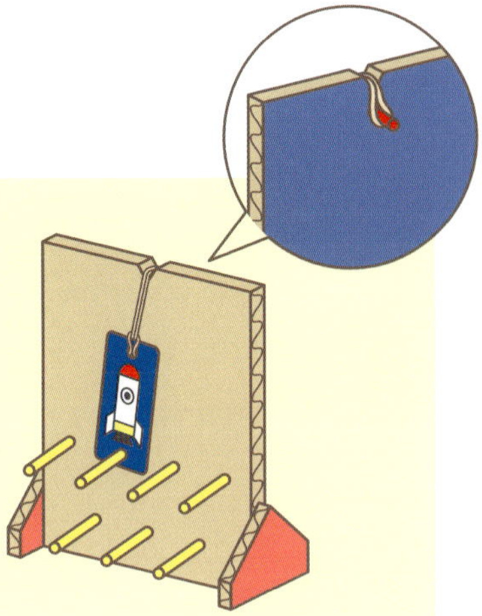

POINT 1人がセッティングして、2人が交代でつまようじをぬく3人あそびも盛り上がるよ。

材料
ダンボール、色画用紙、ケント紙、つまようじ20本、輪ゴム、シールなど（かざり用）

道具
はさみ、カッターナイフ、定規、油性ペン、木工用接着剤、千枚通し、セロハンテープ

⑪ 輪ゴムとばし
作品 ▶ 37ページ

❶ ダンボールを図の大きさに切る。色画用紙も同じ大きさに切ったら、1辺2.5cmのマスをかき、ダンボールにはる。

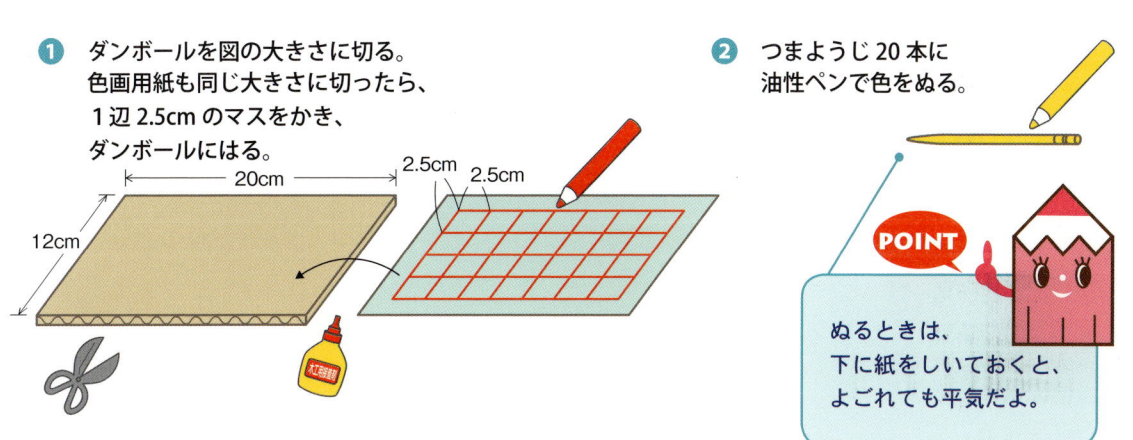

20cm / 12cm / 2.5cm / 2.5cm

❷ つまようじ20本に油性ペンで色をぬる。

POINT
ぬるときは、下に紙をしいておくと、よごれても平気だよ。

❸ マスに穴をあけ、図のように1つおきに❷のつまようじをさす。丸く切った色画用紙に点数をかき、つまようじの近くにはる。

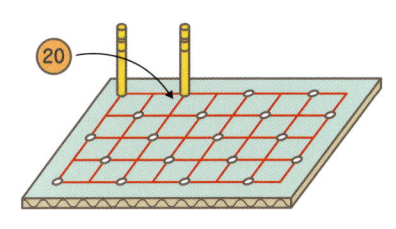

❹ ケント紙で紙バネを作る。
※基本の紙バネの作り方は、10ページを見てね。

2.5cm / 110cm / ×2

❺ ダンボールで図の大きさの板を作り、セロハンテープでつなぎ合わせる。折り返して、▨のところに紙バネをはる。

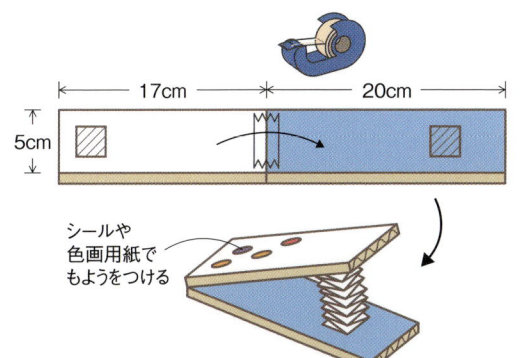

17cm / 20cm / 5cm

シールや色画用紙でもようをつける

あそびかた
とばすときははっしゃ台のバネがしっかり折りたたまれるぐらい指で強くおしているか、たしかめてね。

POINT
紙バネがぐねぐねしていないか注意してね。

39

やってみよう アレンジ 1 　紙バネで　星のフォトフレーム

紙バネをくるんと
まるめたら、
ごうかな星のかざりに
大へんしんだ！
いろいろな色で
作ってみてね。

材　料	………	ダンボール、折り紙（両面カラー）、とうめいのフィルム、（かざるための）写真
道　具	………	カッターナイフ、定規、木工用接着剤、セロハンテープ、水性ペンキ（またはアクリル絵の具）、はけ

作り方

❶ ダンボールでパネルと台を作り水性ペンキでぬる。台は同じものを2枚作ってはり合わせる。

パネル　17.5cm　さしこみ分1cm　29cm　まど　8cm　2.5cm　2.5cm　さしこみ分1cm

台　22cm　5cm　2.5cm　みぞは、二つ折りにしたパネルがはさめる大きさ

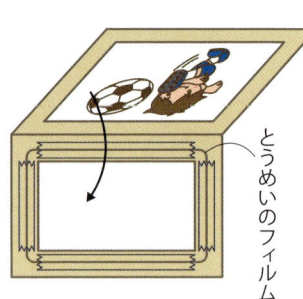

❷ パネルのまどにとうめいのフィルムをはり、セロハンテープでとめる。写真をはさんで半分に折る。

とうめいのフィルム

星のかざりの 作り方

18cm　1cm　×2枚

❶ 折り紙を折って、紙バネを作る。2色で作るときれいだよ。

※基本の紙バネの作り方は、10ページを見てね。

❷ はし同士をのりづけする。

❸ パネルを台のみぞにはめて立てる。星のかざりを木工用接着剤ではる。

40

かわる
かえる

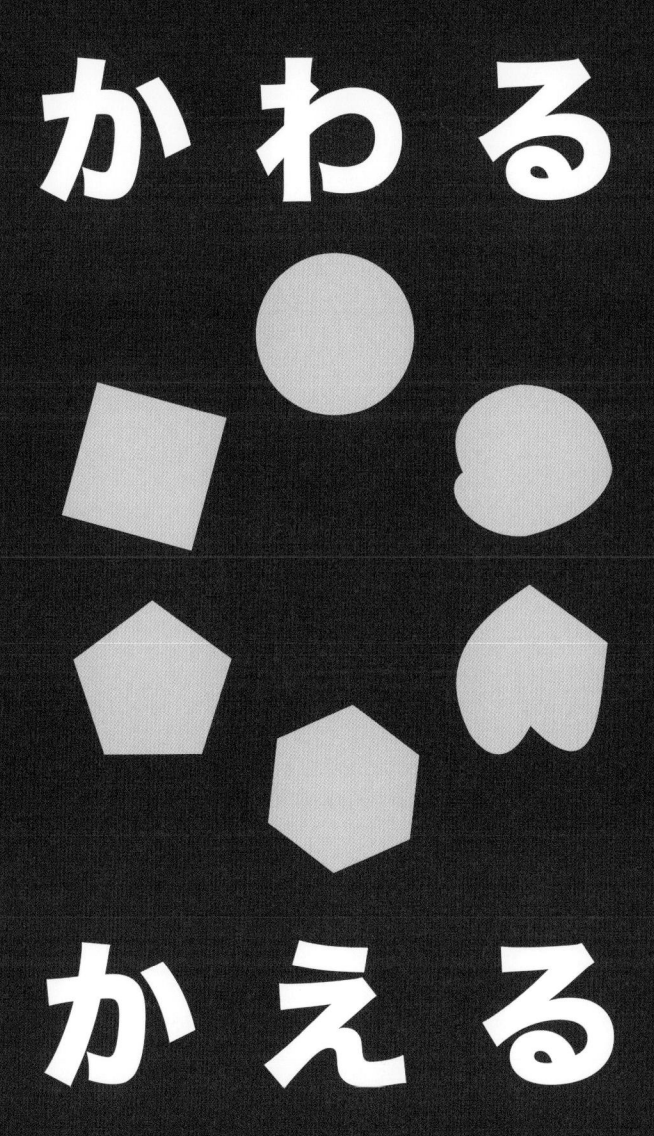

絵かわりボックス／ふしぎなゴミ箱／色かわりリング／ジャンプボックス
びゅんびゅんぼう／スプリングペンギン／チラシびっくり箱／もどるくるま
・・・アレンジ／しましまピクチャーフレーム

第2章 かわるかえる

⑫ 絵をそろえられるかな？
絵かわりボックス

3この四角をつなげるだけで
ふしぎなパズルができた！
全部の面の絵をそろえられたら上がりだよ。

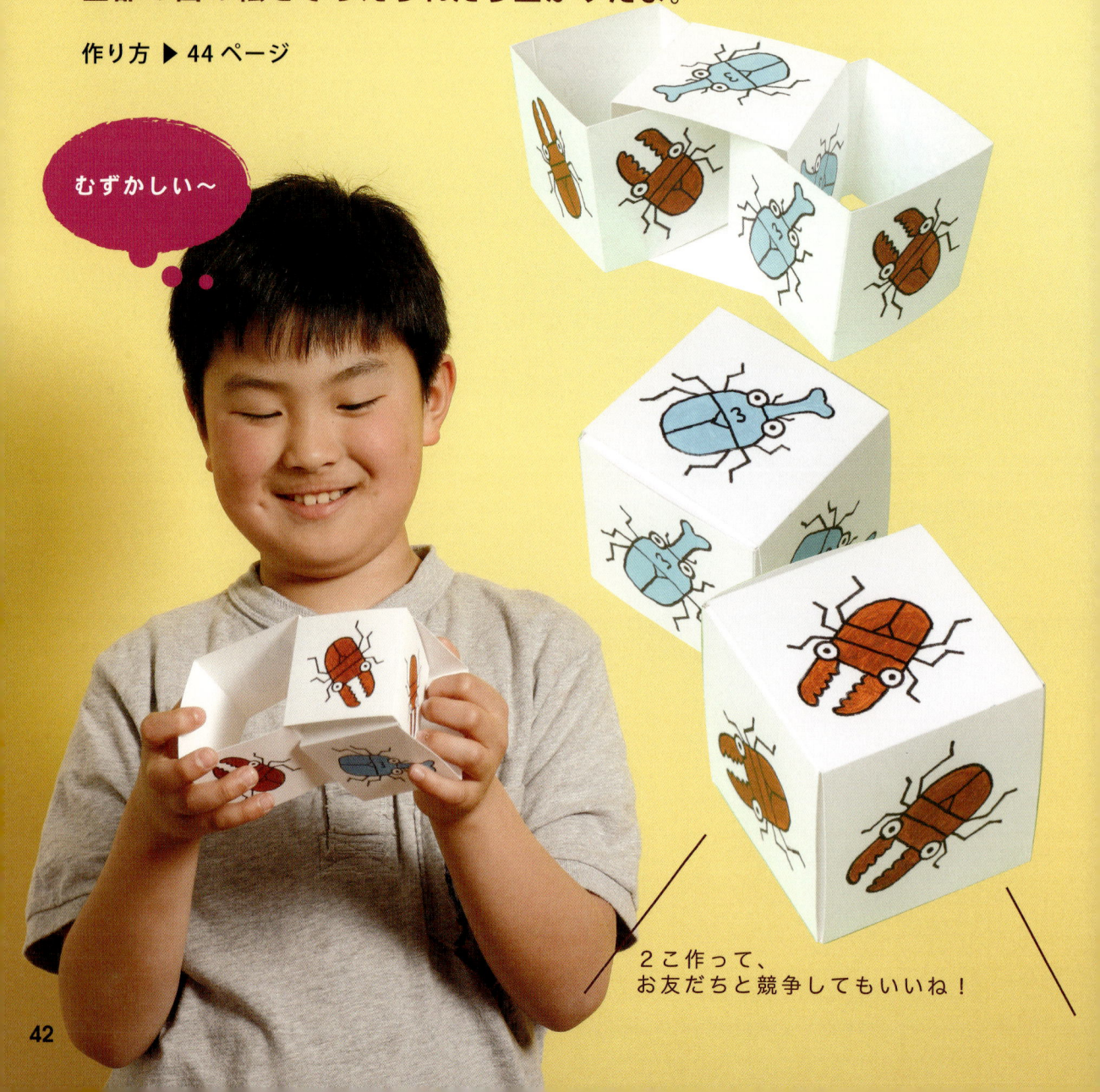

作り方 ▶ 44ページ

むずかしい〜

2こ作って、お友だちと競争してもいいね！

⓭ びっくり何が出てくる！？
ふしぎなゴミ箱

第2章 かわるかえる

バネ部分をしっかり
まわして、ゴミ箱におしこんだら……。

フタをして、ストローを通して、
だれかにわたそう。

ストローをはずして、
ゴミ箱のフタをあけてみると、
ふしぎな生きものが
びょ〜んとごあいさつ！

作り方 ▶ 45ページ

作り方 ⑫ 絵かわりボックス

作品 ▶ 42ページ

型紙 ▶ 163ページ

材料
ケント紙

道具
はさみ、カッターナイフ、定規、木工用接着剤、水性ペン

---

❶ 型紙に合わせて、ケント紙で図のような3本のおびを作る。

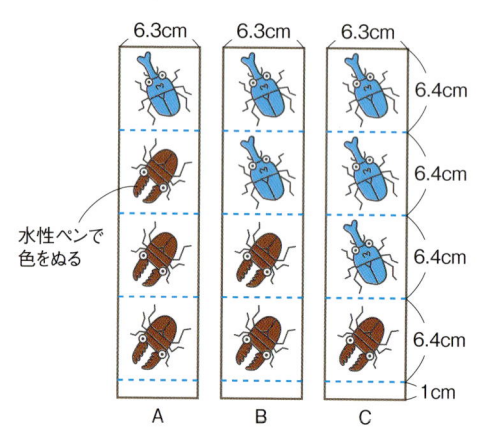

6.3cm　6.3cm　6.3cm

6.4cm
6.4cm
6.4cm
6.4cm
1cm

水性ペンで色をぬる

A　B　C

❷ AとCのボックスを作る。Bをそれぞれに通してからのりづけして、完成。

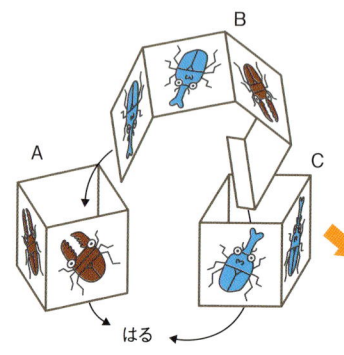

B
A
C
はる

POINT
折り目を正確に折ると、ボックスの出し入れがしやすくなるよ。

あそびかた

各ボックスをそれぞれ回転させて、6面の絵を合わせよう。
6面すべてカブトムシ、またはクワガタムシにできるかな。
お友だちとタイムを競ってもいいね。

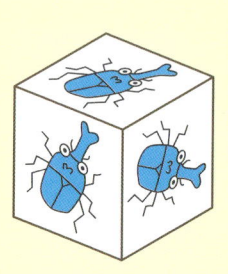

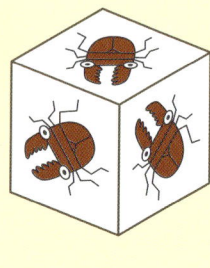

基本のうごかし方

❶ ボックスをそれぞれ回転させる。

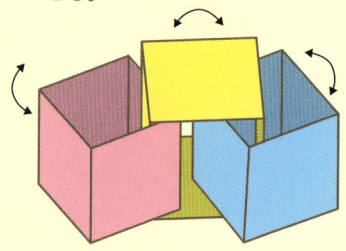

❷ 右または左のボックスを90度たおして、真ん中のボックスにかぶせる。

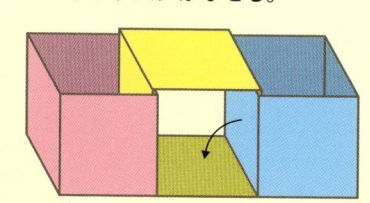

❸ 反対側のボックスをさしこむ。

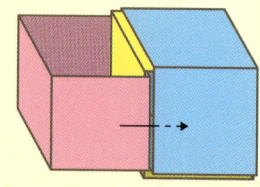

★さしこむとかくれてしまう面もあるね。最後に外側にのこる面に絵をそろえる。

⑬ ふしぎなゴミ箱

作品 ▶ 43ページ

材料
マーメイド紙、色画用紙、発泡球（直径1.5cm）2こ、厚紙、紙コップ、ストロー、うすいダンボール

道具
はさみ、定規、コンパス、穴あけパンチ、両面テープ、カッターナイフ、木工用接着剤、
カラースプレー（またはアクリル絵の具）

---

❶ マーメイド紙でまきつきバネを作る。
※基本のまきつきバネの作り方は、10ページを見てね。

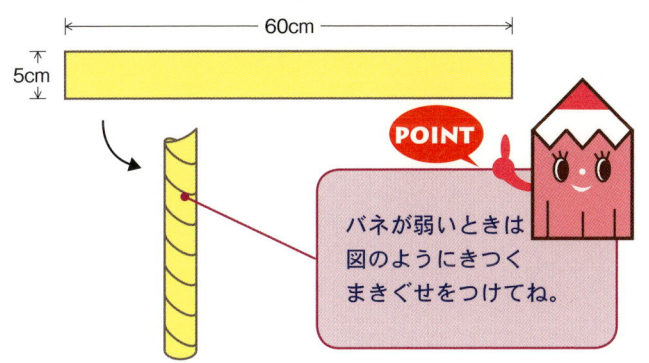

60cm / 5cm

POINT バネが弱いときは図のようにきつくまきぐせをつけてね。

❷ まきつきバネの一番下の段に両面テープをはる。一番上のはしを内側に折る。

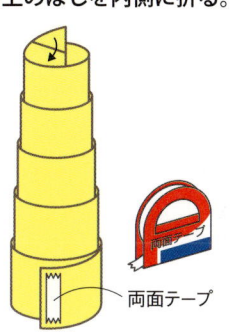

両面テープ

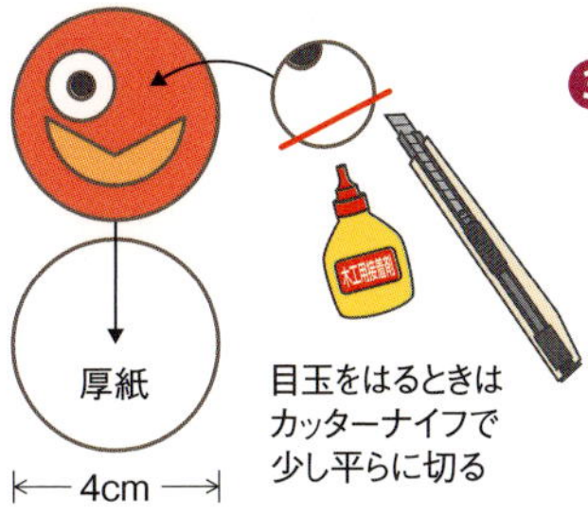

❸ 色画用紙で顔を作って❷にはる。
目は直径1.5cmの発泡球を使い、目玉をかく。
※色画用紙で作ってもよい。

厚紙 4cm
目玉をはるときはカッターナイフで少し平らに切る

❹ 紙コップのまわりに細く切った厚紙をはる。
7cm / 0.4cm

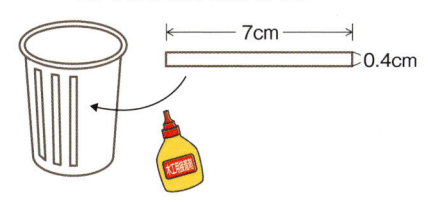

❺ 図のように厚紙で「おさえ」とうすいダンボールで「フタ」を作る。
通し用のストローを図の長さに切る。

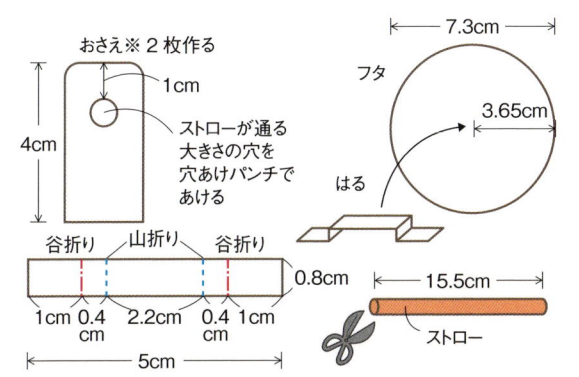

おさえ ※2枚作る
1cm
ストローが通る大きさの穴を穴あけパンチであける
4cm

谷折り　山折り　谷折り
1cm　0.4cm　2.2cm　0.4cm　1cm
5cm
0.8cm

フタ 7.3cm
3.65cm
はる

ストロー 15.5cm

❻ 通すストローがフタをおさえられる位置に「おさえ」をはる。
フタと本体に銀色のカラースプレーもしくはアクリル絵の具で色をぬって、完成。

ストローがおさえられる位置にはる

45

第2章 かわる・かえる

⑭ つぎつぎちがう色に大へんしん
色かわりリング

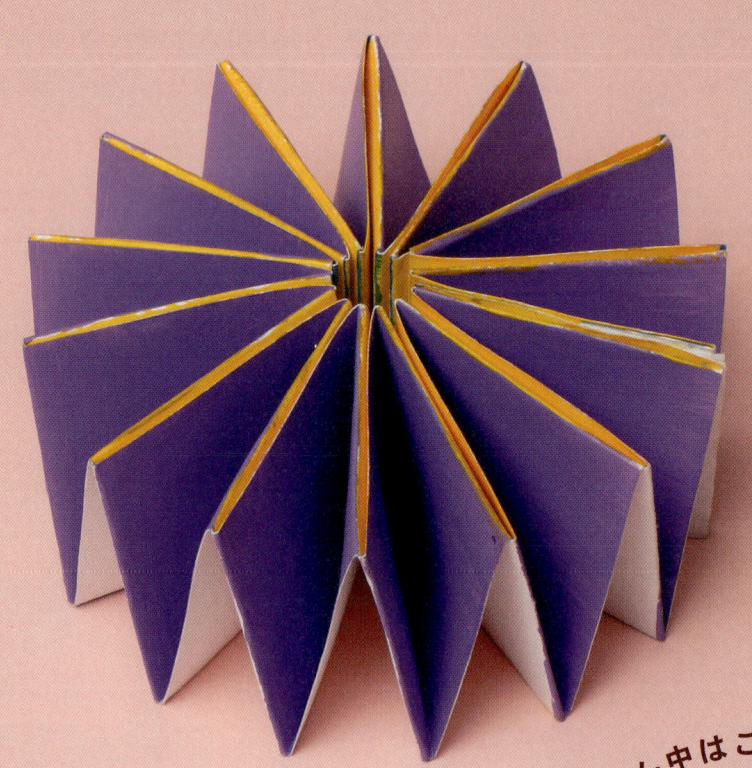

内側を外側に、外側を内側に、
くるっと返すと
ふしぎふしぎ、
パッ！と色がかわっちゃうよ。

作り方 ▶ 48〜49ページ

〜んしん中はこんな感じ…

色かわり開始！

1色目・黄色

くるりん

パッ！

2色目・水色

くるりん

パッ！

3色目・白

くるりん

パッ！

4色目・むらさき

作り方 ⑭ 色かわりリング

作品 ▶ 46〜47ページ

材　料
ケント紙

道　具
はさみ、カッターナイフ、ホチキス、定規、のり、絵の具、筆、えんぴつ

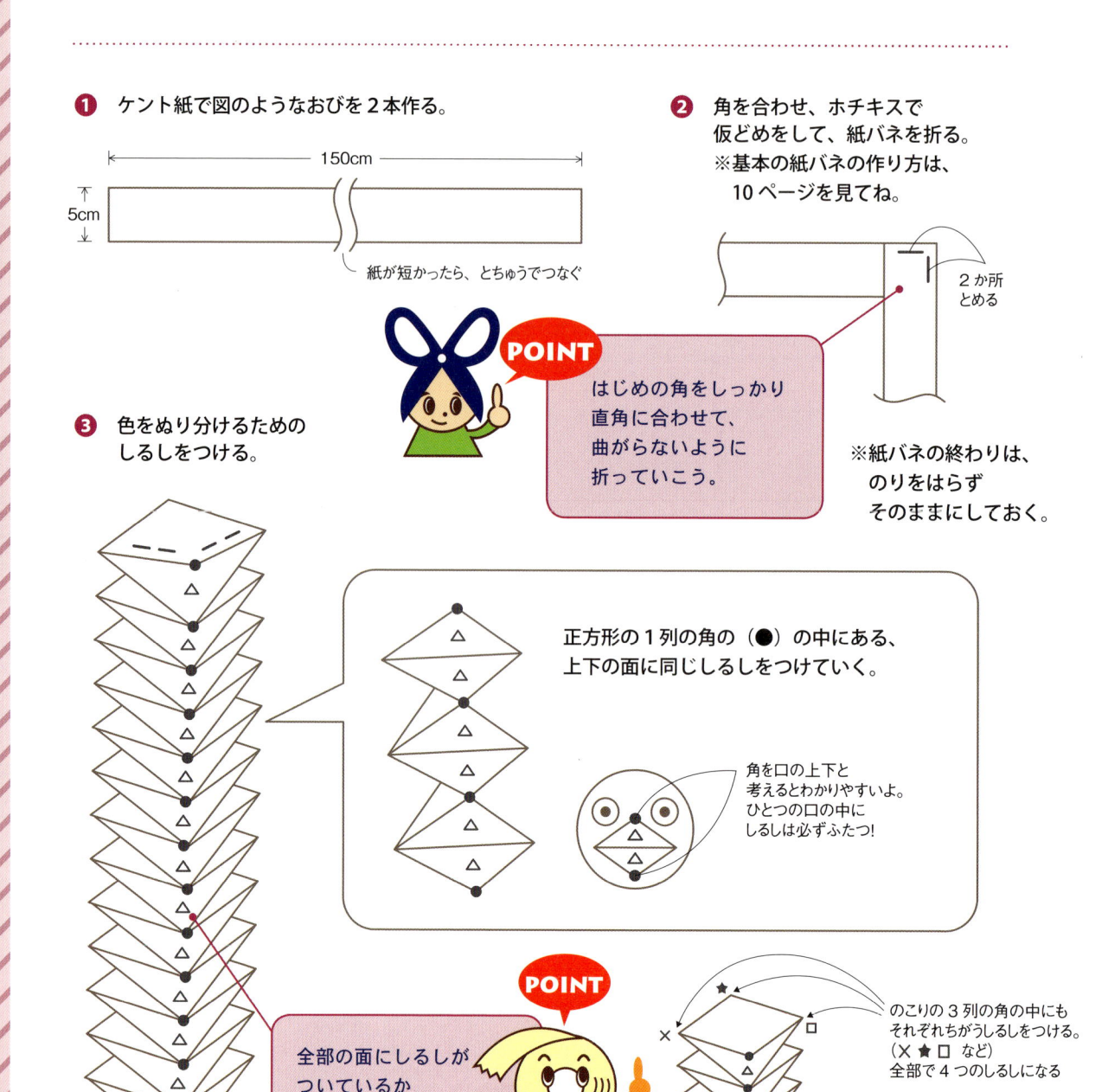

❶ ケント紙で図のようなおびを2本作る。

150cm
5cm
紙が短かったら、とちゅうでつなぐ

❷ 角を合わせ、ホチキスで仮どめをして、紙バネを折る。
※基本の紙バネの作り方は、10ページを見てね。

2か所とめる

POINT はじめの角をしっかり直角に合わせて、曲がらないように折っていこう。

※紙バネの終わりは、のりをはらずそのままにしておく。

❸ 色をぬり分けるためのしるしをつける。

正方形の1列の角の（●）の中にある、上下の面に同じしるしをつけていく。

角を口の上下と考えるとわかりやすいよ。ひとつの口の中にしるしは必ずふたつ！

POINT 全部の面にしるしがついているか最後にたしかめよう。

のこりの3列の角の中にもそれぞれちがうしるしをつける。（✗ ★ ☐ など）全部で4つのしるしになる

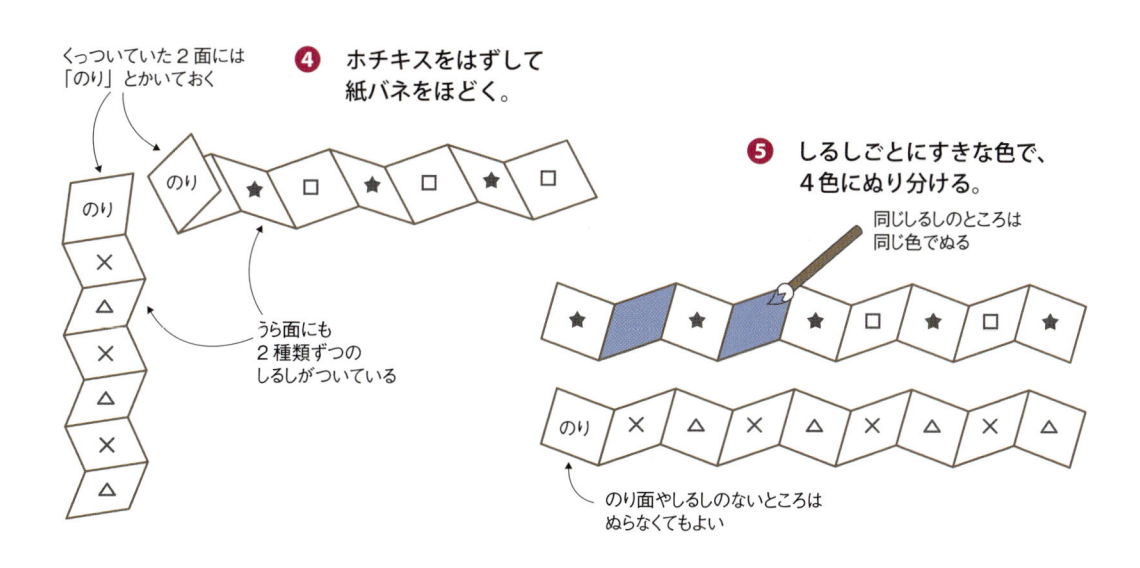

④ ホチキスをはずして紙バネをほどく。

くっついていた2面には「のり」とかいておく

うら面にも2種類ずつのしるしがついている

⑤ しるしごとにすきな色で、4色にぬり分ける。

同じしるしのところは同じ色でぬる

のり面やしるしのないところはぬらなくてもよい

⑥ かわいたら「のり」の面をはり合わせ、もとの通りに紙バネを折る。
※基本の紙バネの作り方は、10ページを見てね。

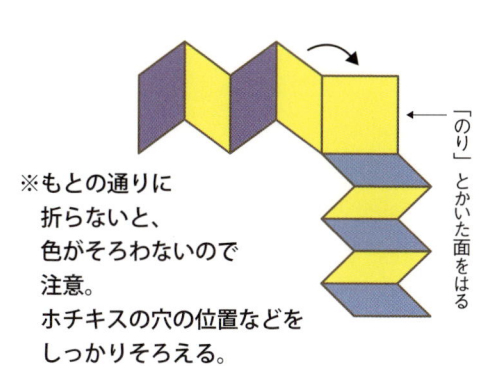

※もとの通りに折らないと、色がそろわないので注意。ホチキスの穴の位置などをしっかりそろえる。

「のり」とかいた面をはる

⑦ 最後のところにきたら、のりしろをのこし、あまりを切ってから折る。

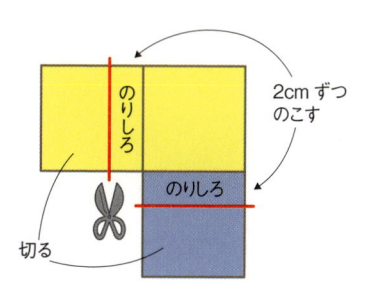

2cmずつのこす

のりしろ

切る

のりしろにのりをつけ、折って正方形にする。

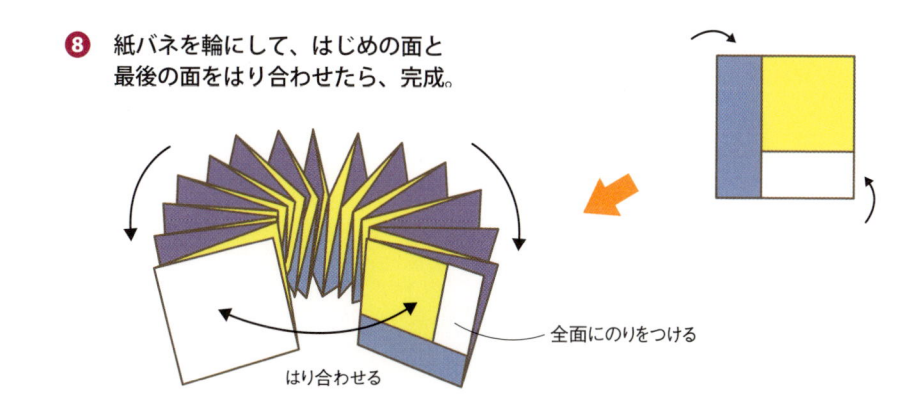

⑧ 紙バネを輪にして、はじめの面と最後の面をはり合わせたら、完成。

全面にのりをつける

はり合わせる

49

第2章 かわる かえる

⑮ 形がもどる ジャンプボックス

ボックスの折りすじにそって、
十字の形にしたら、
指でおさえてみよう。
指をはなしたら、ジャンプ！

あれ？
もとのボックスの形に
もどっているよ。

作り方 ▶ 52ページ

指でおさえるときは、
ボックスの真ん中を
おさえると、よくとぶよ。

ADVICE

PART 2 かわる・かえる

⑯ どこまでのびる？
びゅんびゅんぼう

かわる かえる

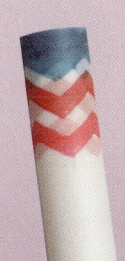

第2章

ぼうを手に持ったまま、
前に向かって、**いきおいよく
ふりおろしてみて。**
とってもかんたんだけれど、たのしいね。

作り方 ▶ 53ページ

わあ、
こんなにのびた！！

ADVICE
たおすときの力の入れ方で
のび方がかわるよ。
ぼうは人に向けないでね！

作り方 ⑮ ジャンプボックス

作品 ▶ 50 ページ

型紙 ▶ 163 ページ

材 料
ケント紙（またはマーメイド紙）、輪ゴム、シール（かざり用）

道 具
はさみ、カッターナイフ、定規、セロハンテープ、のり

① 型紙の通り、箱とベロを切って折る。

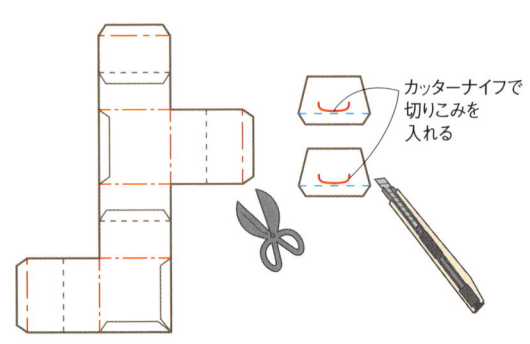

カッターナイフで切りこみを入れる

② 箱とベロの「のり①」と「のり②」同士をそれぞれはり合わせ、上からセロハンテープでとめる。

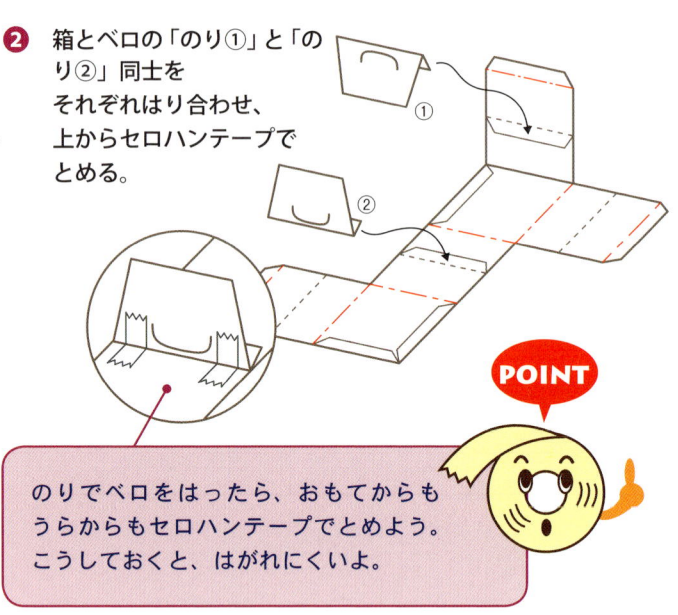

POINT
のりでベロをはったら、おもてからもうらからもセロハンテープでとめよう。こうしておくと、はがれにくいよ。

③ ベロのいっぽう（②）に、図のように輪ゴムをかけ、3cmのセロハンテープでしっかりとめる。のりしろ③に、うらのり③をはりつける。

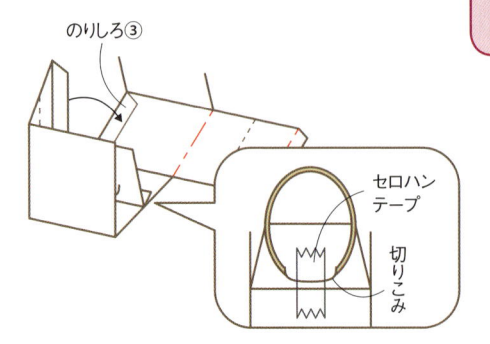

のりしろ③
セロハンテープ
切りこみ

④ のりしろ④に、うらのり④をはりつける。

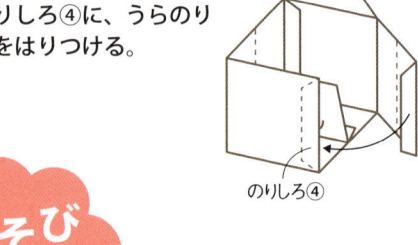

のりしろ④

⑤ もういっぽうのベロ（①）に③の輪ゴムをかけ、3cmのセロハンテープでとめる。のりしろ⑤にうらのり⑤をはる。シールなどでかざったら、完成。

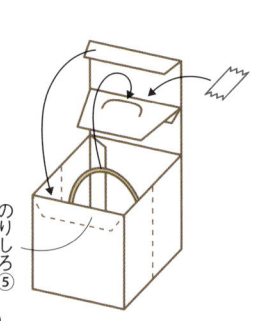

のりしろ⑤

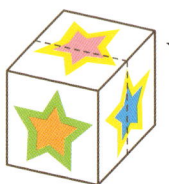

★中にも外にも折りぐせをつける

あそびかた 
図のように十字の形にして、指でしっかりおさえる。手をはなすと紙の力で箱の形にもどるよ。

材料
クッキングシート、丸いはし（丸いぼう）

道具
はさみ、定規、ゴム系接着剤、油性ペン

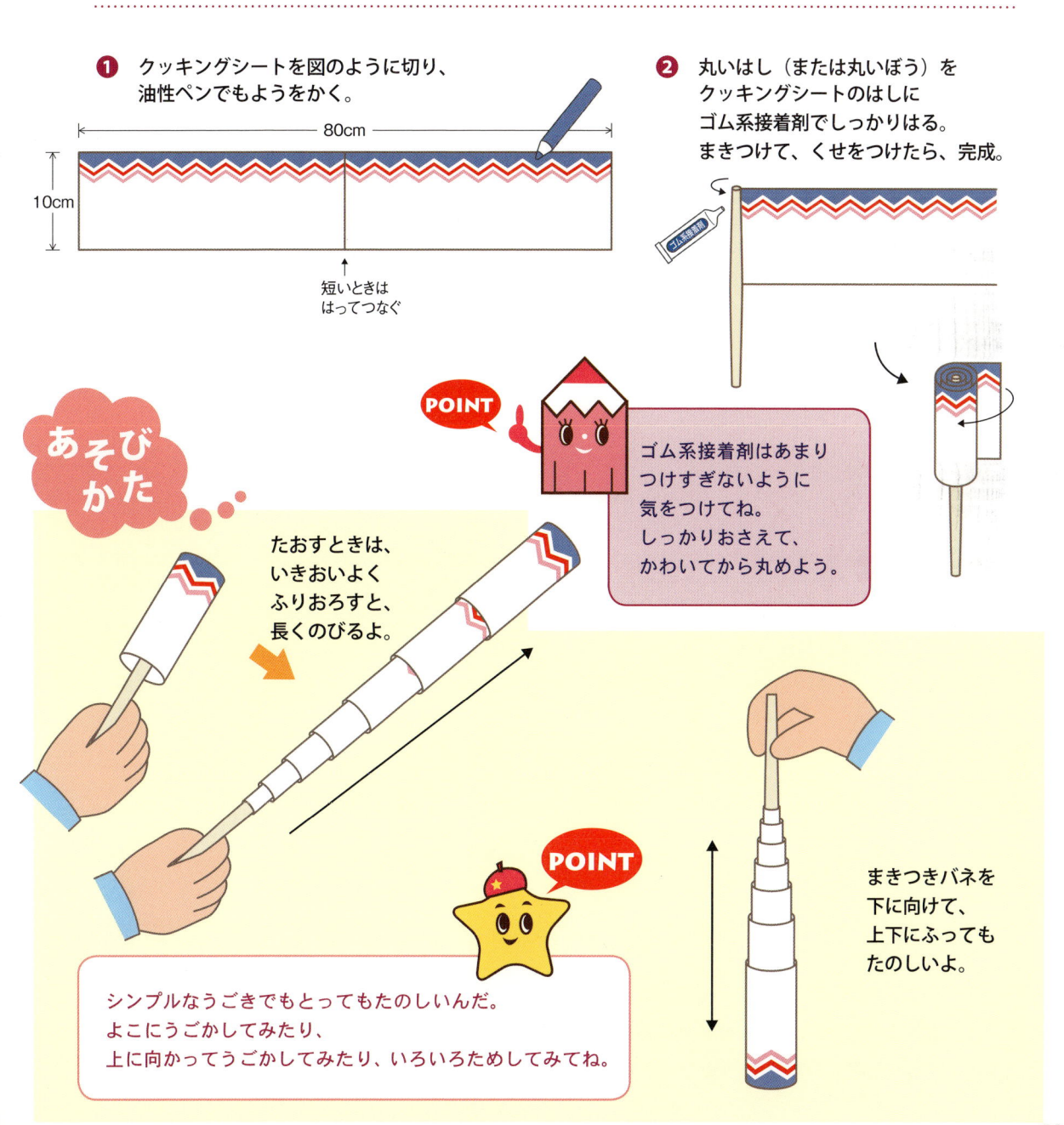

作り方 ⑯ びゅんびゅんぼう
作品 ▶ 51ページ

❶ クッキングシートを図のように切り、油性ペンでもようをかく。

80cm
10cm
短いときははってつなぐ

❷ 丸いはし（または丸いぼう）をクッキングシートのはしにゴム系接着剤でしっかりはる。まきつけて、くせをつけたら、完成。

POINT
ゴム系接着剤はあまりつけすぎないように気をつけてね。
しっかりおさえて、かわいてから丸めよう。

あそびかた

たおすときは、いきおいよくふりおろすと、長くのびるよ。

POINT
シンプルなうごきでもとってもたのしいんだ。
よこにうごかしてみたり、
上に向かってうごかしてみたり、いろいろためしてみてね。

まきつきバネを下に向けて、上下にふってもたのしいよ。

第2章 かわるかえる ⑰ 階段をおりていく スプリングペンギン

1 ONE

2 TWO

3 THREE

PART 2 かわる・かえる

ふしぎ、ふしぎ。
階段を1段ずつ
紙のペンギンがおりていくよ。
お友だちにも大ウケ、まちがいなし！

作り方 ▶ 56〜57ページ

おもしろーい。
まるで生きもの
みたいだ！

⓱ スプリングペンギン

作品 ▶ 54〜55ページ

型紙 ▶ 164ページ

材料
マーメイド紙、輪ゴム、ダンボール

道具
はさみ、カッターナイフ、コンパス、ホチキス、セロハンテープ、水性ペンキ（またはアクリル絵の具）、はけ、木工用接着剤、水性ペン

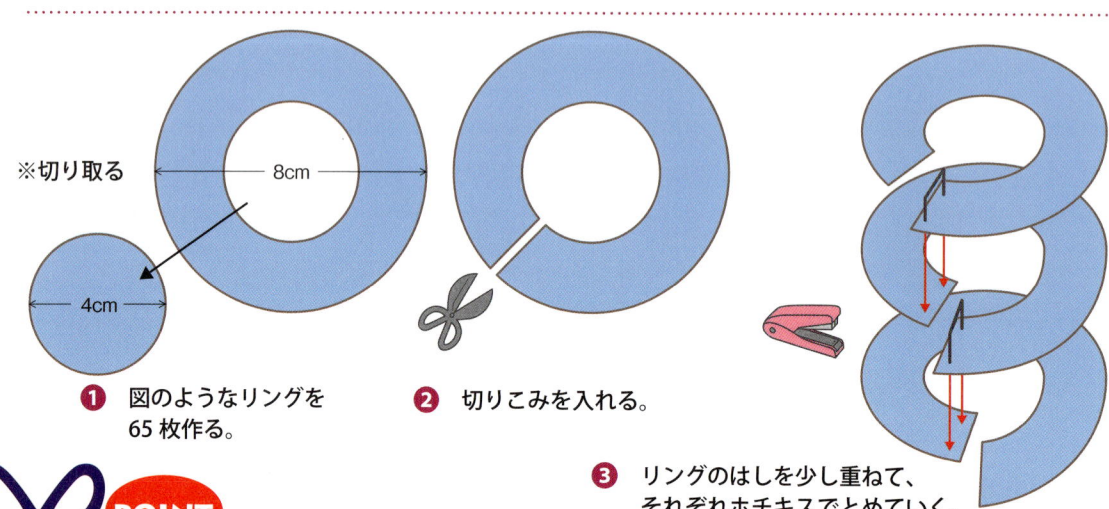

※切り取る
8cm
4cm

❶ 図のようなリングを65枚作る。

❷ 切りこみを入れる。

❸ リングのはしを少し重ねて、それぞれホチキスでとめていく。

POINT 正確に作ると、あそんだときにきれいにうごくよ。

POINT リングがそろって重なるようにとめてね。

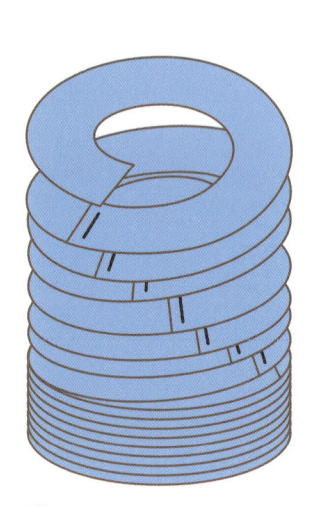

❹ 65枚のリング全部を❸のようにとめる。

❺ 顔を2枚作り、❹の両はしに木工用接着剤ではりつけて、完成。

まゆと目、頭をかく

口のところに、すべりどめとして輪ゴムをセロハンテープで2か所とめる

おりる階段を作ろう

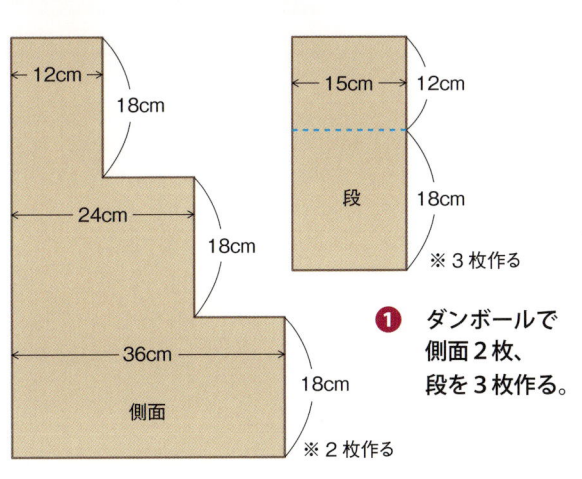

側面
- 12cm
- 18cm
- 24cm
- 18cm
- 36cm
- 18cm
※2枚作る

段
- 15cm
- 12cm
- 18cm
※3枚作る

① ダンボールで側面2枚、段を3枚作る。

② 木工用接着剤で側面に段をはりつける。

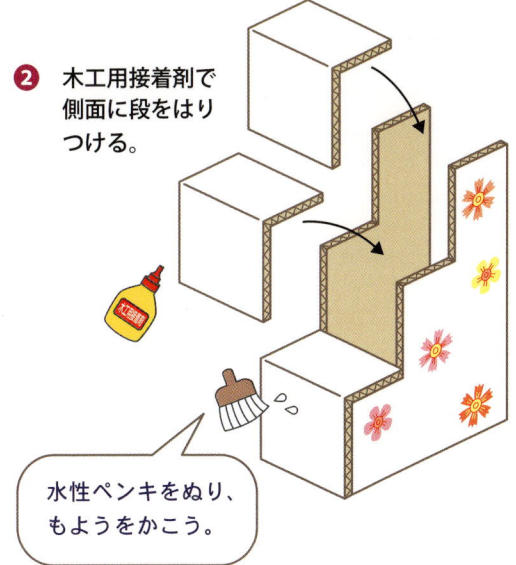

水性ペンキをぬり、もようをかこう。

あそびかた

① 階段の一番上にスプリングペンギンをおく。

② ペンギンの顔をつかみ、下の段のほうに引っぱって手をはなす。

③ ペンギンが一番下の段まで1人でおりていくよ。

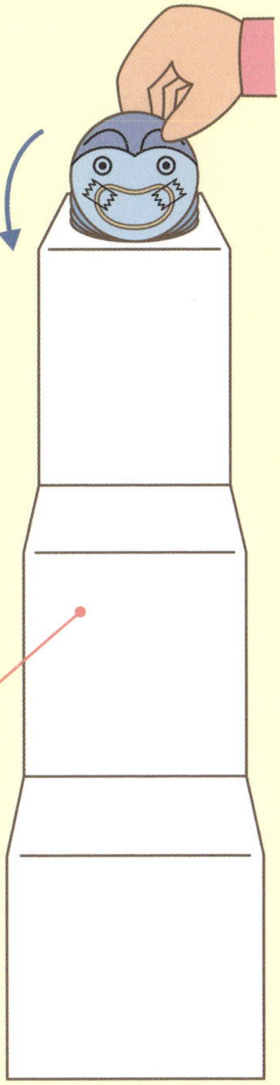

POINT
スプリングペンギンは段の中央におこう。はしにおきすぎると、きれいにおりないよ。

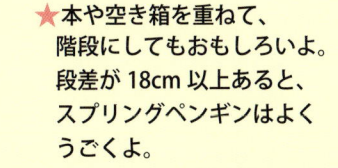

★本や空き箱を重ねて、階段にしてもおもしろいよ。段差が18cm以上あると、スプリングペンギンはよくうごくよ。

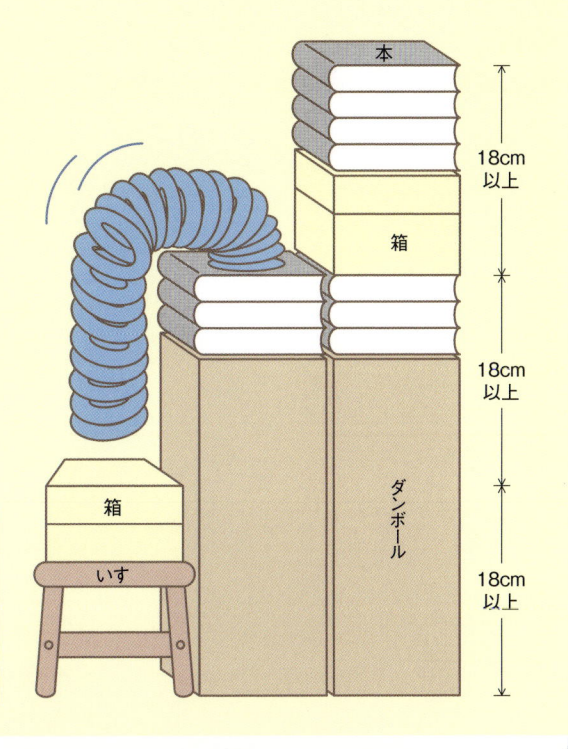

本 / 箱 / 箱 / ダンボール / いす
18cm以上

第2章 かわる・かえる

⑱ あけると ばあっ！
チラシびっくり箱

あやしい箱のフタをあけると、
びよよよ～ん、ばあっ！と
おかしな顔が出てくるよ。

何が入っているのかな？

フタをあけると

すごーい！

びよよよ～ん

作り方 ▶ 60ページ

⑲ 行ったり来たり！？
もどるくるま

第2章 かわるかえる

前に転がすと、
どうぶつたちがコロコロコロ……。
あれれ？
今度は後ろにコロコロコロ……。
どうぶつたちが行ってもどってくる！
とってもふしぎだね。

作り方 ▶ 61ページ

もどってきた！

ADVICE
くるまを前へ
転がすときは、力を入れすぎず
しずかに転がそう。

⑱ チラシびっくり箱

作品 ▶ 58ページ

材料
チラシ、牛乳パック（500ml）、厚紙、白い紙、たこ糸、
シールまたはカラーテープ、色画用紙など（かざり用）

道具
はさみ、カッターナイフ、コンパス、定規、千枚通し、
セロハンテープ、木工用接着剤、ゴム系接着剤、
水性ペンキ、はけ、水性ペン

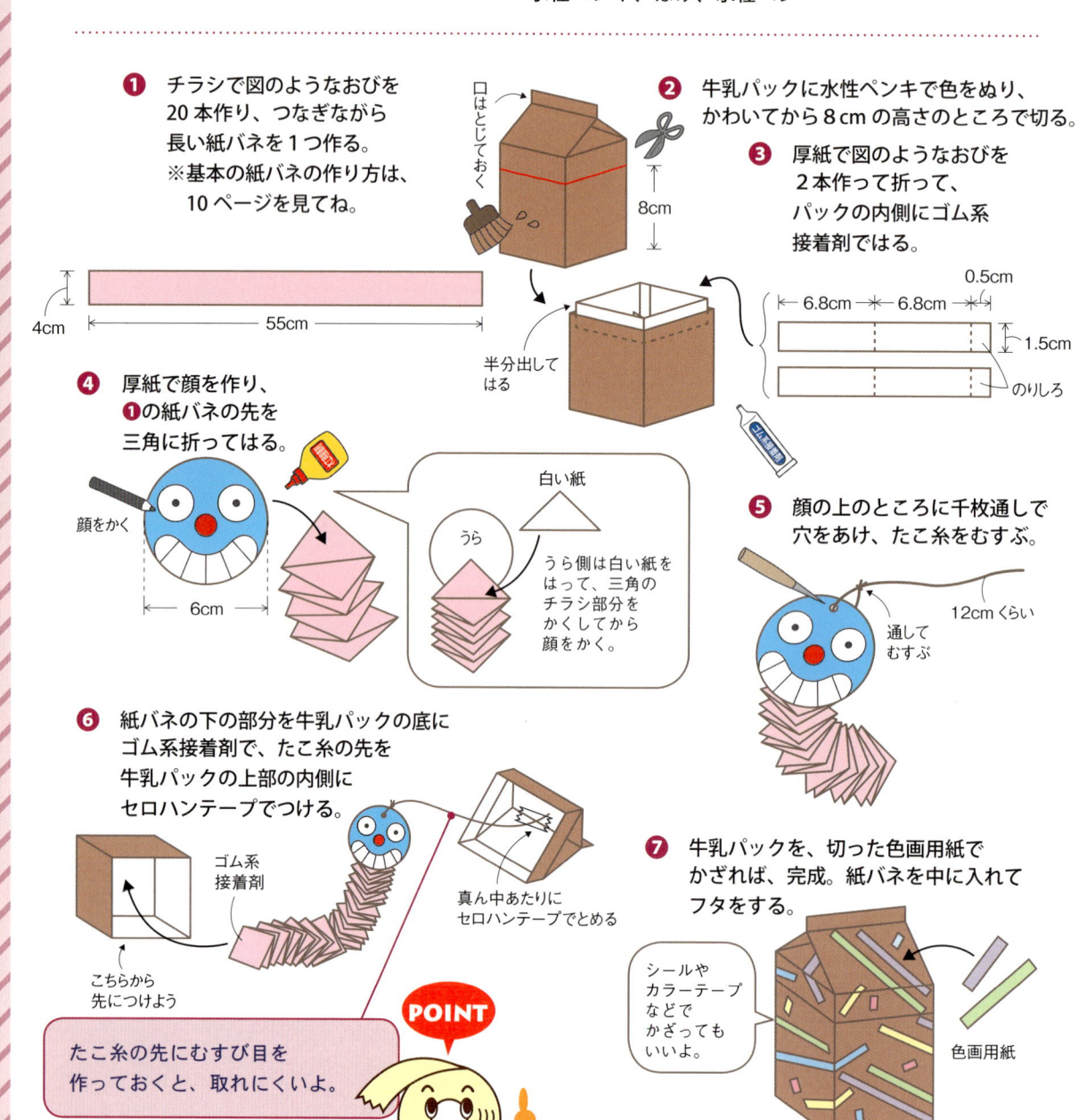

❶ チラシで図のようなおびを20本作り、つなぎながら長い紙バネを1つ作る。
※基本の紙バネの作り方は、10ページを見てね。

❷ 牛乳パックに水性ペンキで色をぬり、かわいてから8cmの高さのところで切る。

❸ 厚紙で図のようなおびを2本作って折って、パックの内側にゴム系接着剤ではる。

❹ 厚紙で顔を作り、❶の紙バネの先を三角に折ってはる。
うら側は白い紙をはって、三角のチラシ部分をかくしてから顔をかく。

❺ 顔の上のところに千枚通しで穴をあけ、たこ糸をむすぶ。

❻ 紙バネの下の部分を牛乳パックの底にゴム系接着剤で、たこ糸の先を牛乳パックの上部の内側にセロハンテープでつける。

POINT たこ糸の先にむすび目を作っておくと、取れにくいよ。

❼ 牛乳パックを、切った色画用紙でかざれば、完成。紙バネを中に入れてフタをする。
シールやカラーテープなどでかざってもいいよ。

材料

缶（直径10cm以上で取りはずしのできるフタつきのもの）、くぎ、かなづち、輪ゴム5本、電池（単2電池・おもり用）、針金、ペンチ、つまようじ2本、ダンボール、色画用紙、アルミテープ

道具

はさみ、定規、コンパス、千枚通し、水性ペン、ゴム系接着剤、カッターナイフ

作り方 ⑲ もどるくるま
作品 ▶ 59ページ

型紙 ▶ 164ページ

❶ 缶のフタと底の真ん中にくぎなどで穴をあける。

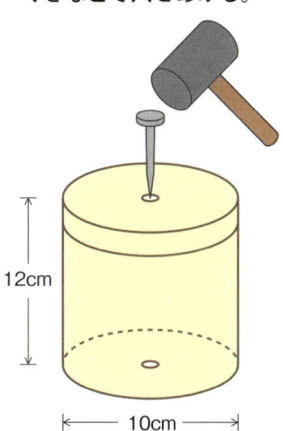

12cm
10cm

❷ アルミの針金を電池にまきつけてねじり、先をかぎ形にする。
まとめた輪ゴムのいっぽうにかけ、落ちないようにペンチでしめる。

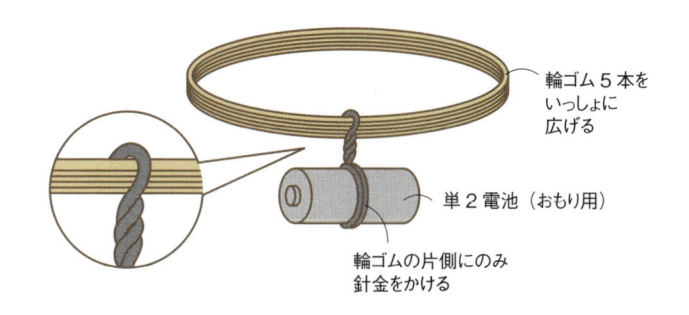

輪ゴム5本をいっしょに広げる
単2電池（おもり用）
輪ゴムの片側にのみ針金をかける

❸ 底とフタに直径15cmのダンボールをはり、中心に合わせて輪ゴムを通す穴をあける。輪ゴムを両方の穴から出し、つまようじをはめてとめる。缶の側面に色画用紙をはり、絵やもようをつける。ダンボールにアルミテープをはって、もようをつけたら、完成。

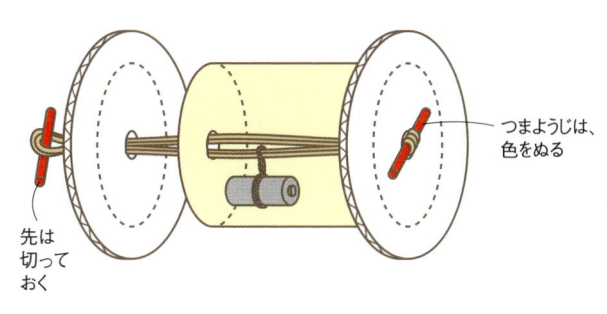

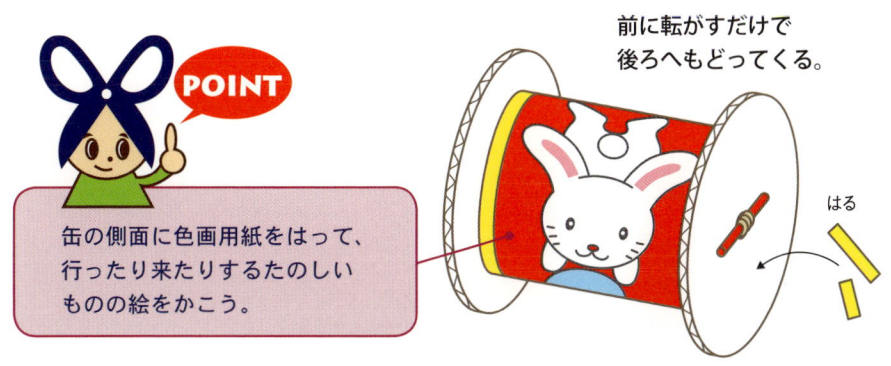

つまようじは、色をぬる
先は切っておく

前に転がすだけで後ろへもどってくる。

はる

POINT
缶の側面に色画用紙をはって、行ったり来たりするたのしいものの絵をかこう。

やってみよう アレンジ 2 　紙バネで　しましまピクチャーフレーム

紙バネで
たのしいもようの
額ぶちができた！
きれいな色で
作ってね。

材　料	……	色画用紙、ダンボール（表が白のもの）、とうめいのふくろ、ひも、かざるための絵、台紙
道　具	……	はさみ、カッターナイフ、定規、千枚通し、木工用接着剤、両面テープ

作り方

❶ ちがう色のおびを2本作り、紙バネを折る。
※基本の紙バネの作り方は、10ページを見てね。

2cm／90cm

❷ 紙バネを少しのばし、A→B→と、ひし形のふくろをつぎつぎたんでいく。

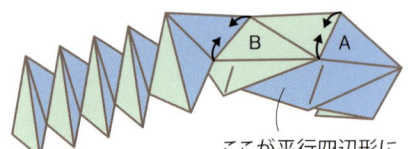

ここが平行四辺形になるように折る

POINT 全体を回転するようにひねりながら折り進めていこう。

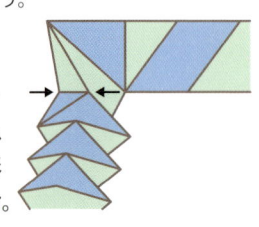

❸ 方向をかえるときは、曲がるほうへ引っぱり、ひし形のふくろをたたむ。

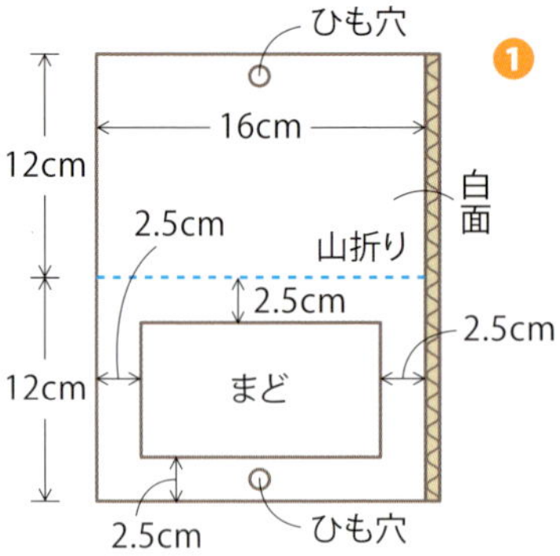

【図】ひも穴／16cm／12cm／2.5cm／2.5cm／山折り／白面／まど／2.5cm／12cm／2.5cm／ひも穴

❶ ダンボールで台を作る。まどと、ひもの穴をあけ、白い面を上に半分折る。

❷ とうめいなふくろに絵と台紙を入れ、いらない部分を切る。

❸ 穴にひもを通し、絵をはさんでからむすぶ。

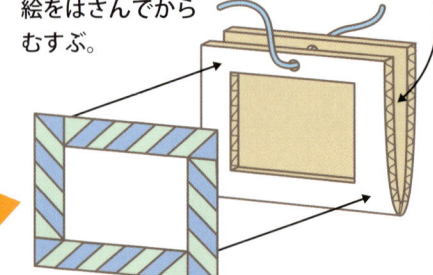

❹ 四角に作り、最後は重ねてのりづけして、あまりは切る。

まわす まわる

水車つきふね／ふきゴマ／ゾウのヨーヨー／シャボンだまピエロ／くるくるミニ風ぐるま
ひこうきタワー／ロボットトリオ／パンダ／メリーゴーランド／ロードローラー
・・・アレンジ／マジックおばけハウス

第3章 まわす・まわる

⑳ 水の上をすいすい
水車つきふね

水車をまわし、いきおいよく、進むふね。
水にうかべて、あそんでね。

作り方 ▶ 66〜67ページ

PART 3 まわす・まわる

とってもすずしそう！

竹ひごをつまんでねじり、
紙ゼンマイをいっぱいまいたら、
水にうかべよう。

⑳ 水車つきふね

作品 ▶ 64〜65ページ

材料
スチレンボード（厚さ5mm）、牛乳パック（1000ml）3本、ケント紙、色画用紙、竹ひご

道具
はさみ、カッターナイフ、定規、コンパス、ゴム系接着剤、木工用接着剤、千枚通し、水性ペンキ、はけ

---

❶ 図のようにスチレンボードの3枚の円をはり合わせ、水車を2組作る。

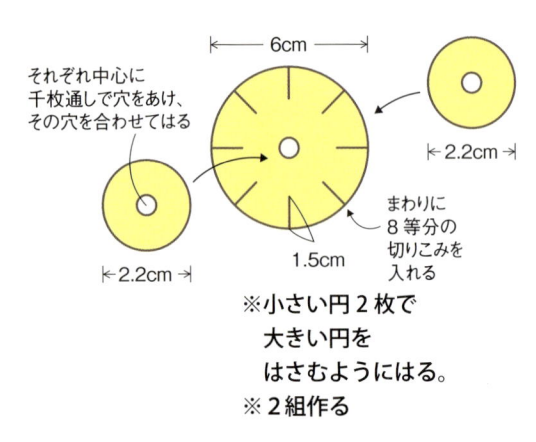

- それぞれ中心に千枚通しで穴をあけ、その穴を合わせてはる
- 6cm
- 2.2cm
- 2.2cm
- 1.5cm
- まわりに8等分の切りこみを入れる
- ※小さい円2枚で大きい円をはさむようにはる。
- ※2組作る

❷ 牛乳パックの紙で図のようなはねを作り、❶の大きい円の切りこみにさしこんでとめる。

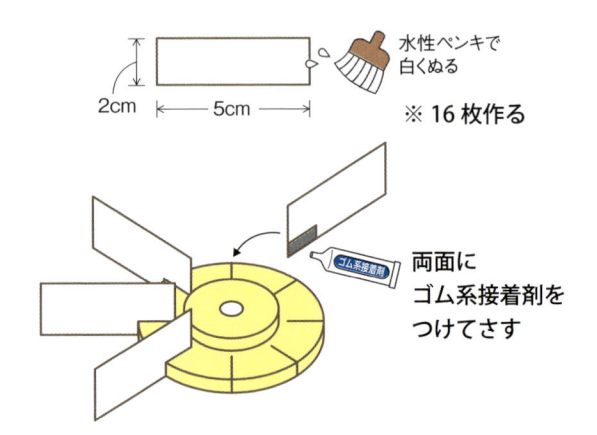

- 2cm
- 5cm
- 水性ペンキで白くぬる
- ※16枚作る
- 両面にゴム系接着剤をつけてさす

❸ ケント紙を図のように切って、はじを竹ひごにはりつけ、紙ゼンマイを作る。
※基本の紙ゼンマイの作り方は、10ページを見てね。

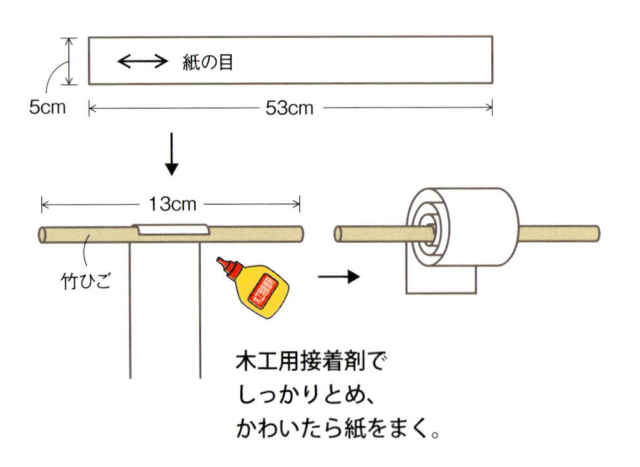

- 5cm
- 53cm
- 紙の目
- 13cm
- 竹ひご
- 木工用接着剤でしっかりとめ、かわいたら紙をまく。

❹ 牛乳パックに図のように切りこみを入れ、ひらいた部分をよこの面にゴム系接着剤ではって竹ひごを通す穴をあける。水性ペンキで色をぬる。

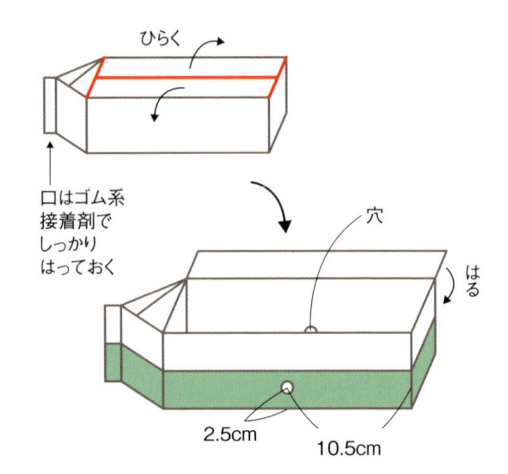

- ひらく
- 口はゴム系接着剤でしっかりはっておく
- 穴
- はる
- 2.5cm
- 10.5cm

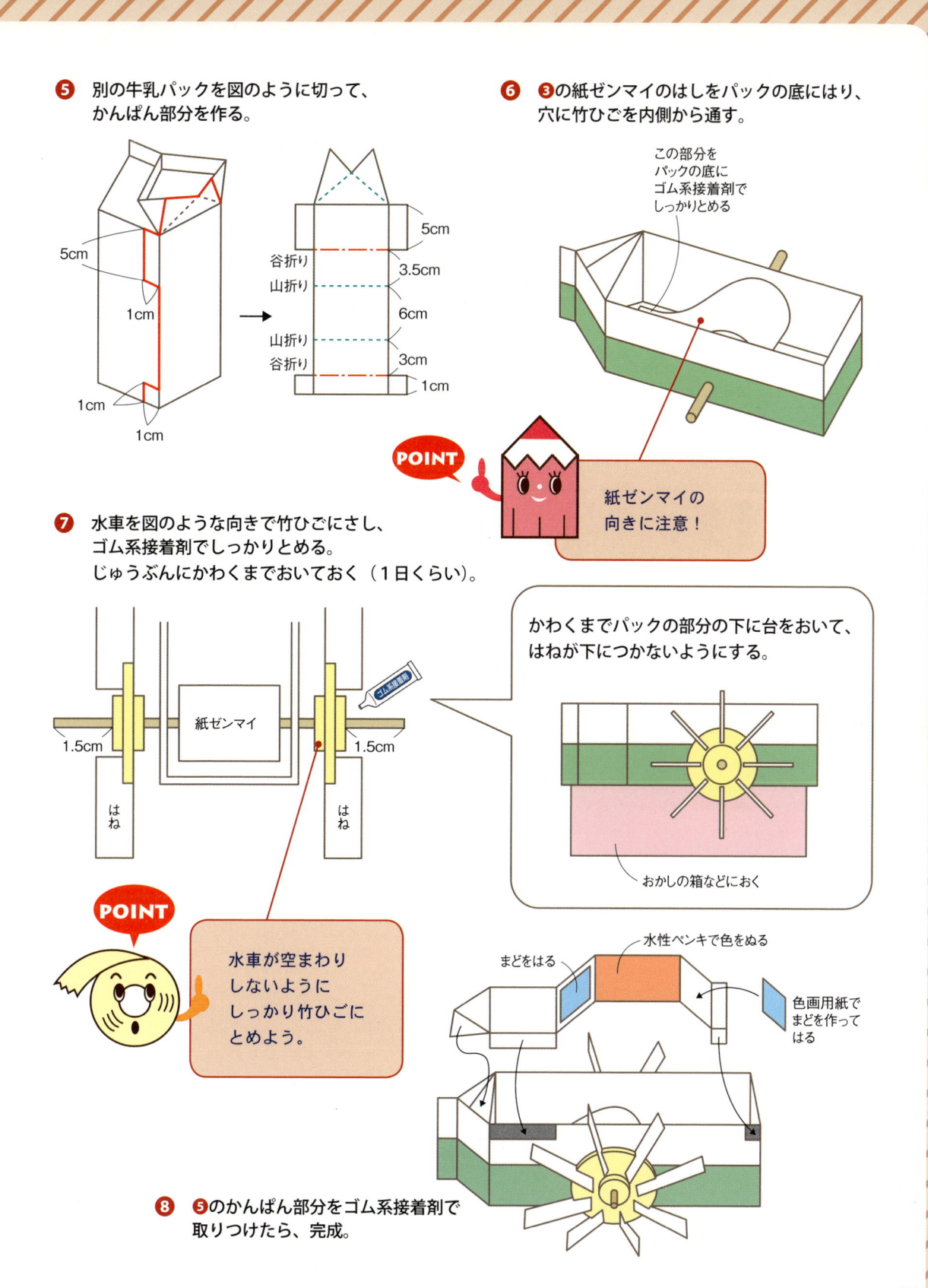

❺ 別の牛乳パックを図のように切って、かんぱん部分を作る。

❻ ❸の紙ゼンマイのはしをパックの底にはり、穴に竹ひごを内側から通す。

この部分をパックの底にゴム系接着剤でしっかりとめる

POINT 紙ゼンマイの向きに注意！

谷折り 5cm
山折り 3.5cm
山折り 6cm
谷折り 3cm
1cm

❼ 水車を図のような向きで竹ひごにさし、ゴム系接着剤でしっかりとめる。じゅうぶんにかわくまでおいておく（1日くらい）。

かわくまでパックの部分の下に台をおいて、はねが下につかないようにする。

おかしの箱などにおく

POINT 水車が空まわりしないようにしっかり竹ひごにとめよう。

まどをはる
水性ペンキで色をぬる
色画用紙でまどを作ってはる

❽ ❺のかんぱん部分をゴム系接着剤で取りつけたら、完成。

67

第3章 まわす・まわる

㉑ 形もまわり方も とってもきれい！
ふきゴマ

息をふきかけると、くるくるくる。
お花みたいな**コマがまわりだす**よ。
きれいな色でいっぱい作りたくなるね。

作り方 ▶ 70ページ

ふーー

きれいにまわるよ！

ADVICE
コマの真上から
はじめは少しやさしく
息をふくとよく
まわるよ！

PART 3 まわす・まわる

㉒ 鼻がのびたりちぢんだり
ゾウのヨーヨー

第3章 まわす・まわる

びょ〜んと鼻を
のばしたら、
今度は**くるくるまき上げて**。
タイミングよく
できるかな？

作り方 ▶ 71ページ

何回つづけられるかな？

作り方	**㉑ ふきゴマ** 作品 ▶ 68 ページ	材　料
		色画用紙（または折り紙）
		道　具
	型紙 ▶ 164 ページ	はさみ、カッターナイフ、定規、シール（かざり用）

❶ 色画用紙で下図のような形を作り、──── を切る。

ほぼ原寸大

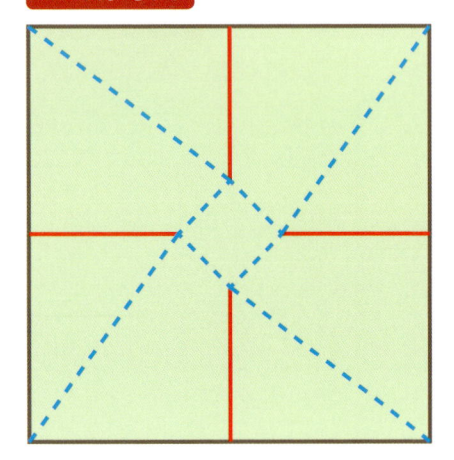

もようのついた紙やキラキラした紙で作ってもおもしろいね。

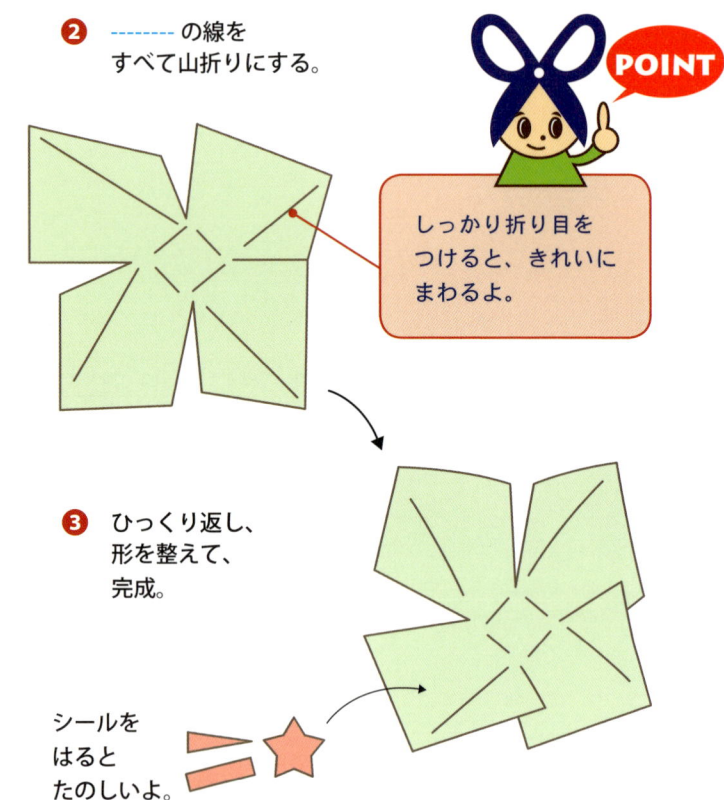

❷ ------ の線をすべて山折りにする。

POINT
しっかり折り目をつけると、きれいにまわるよ。

❸ ひっくり返し、形を整えて、完成。

シールをはるとたのしいよ。

あそびかた

テーブルなど平らなところにおき、真上から息をふくとくるくるまわるよ。

POINT
下じきなど、ツルツルしたところだと、きれいにまわるよ。よくまわらないときは、はねを少し上にあげてみてね。

材料
マーメイド紙、厚紙、ストロー、色画用紙（かざり用）

道具
はさみ、カッターナイフ、コンパス、定規、のり、セロハンテープ、ゴム系接着剤、両面テープ、絵の具、筆、水性ペン、めうち

作り方 22 ゾウのヨーヨー
作品 ▶ 69 ページ

型紙 ▶ 165 ページ

❶ マーメイド紙で図のようなおびと、円を2枚作る。
※基本の紙ゼンマイの作り方は、10ページを見てね。

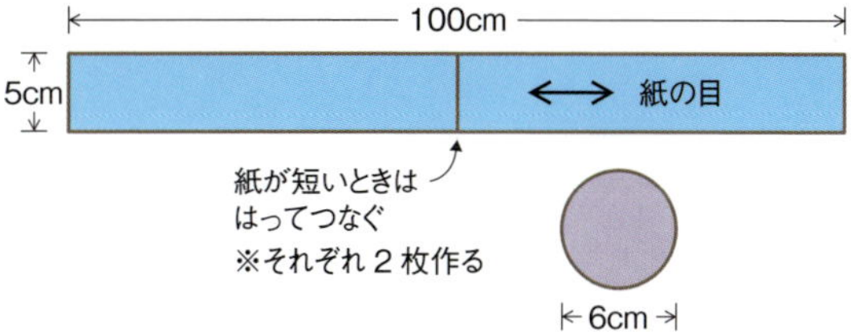

- 100cm
- 5cm
- ←→ 紙の目
- 紙が短いときははってつなぐ
- ※それぞれ2枚作る
- 6cm

❷ 5cmに切った両面テープをストローにたてにはって、おびのはしにはる。はしを少しまき上げて、上からセロハンテープでとめる。

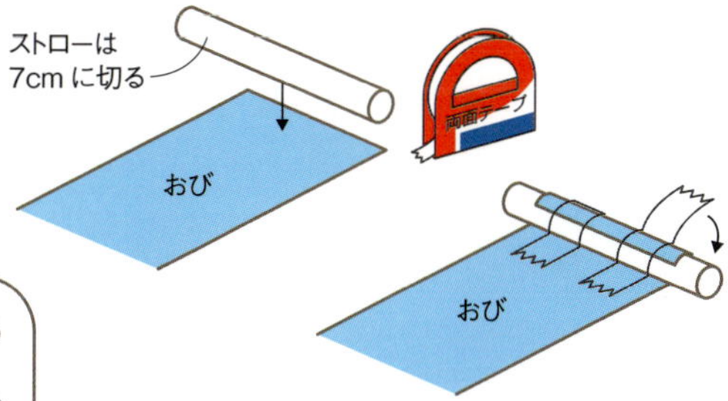

ストローは7cmに切る
おび

❸ ❶の円の中心にめうちで穴をあけ、ストローの両はしに通す。

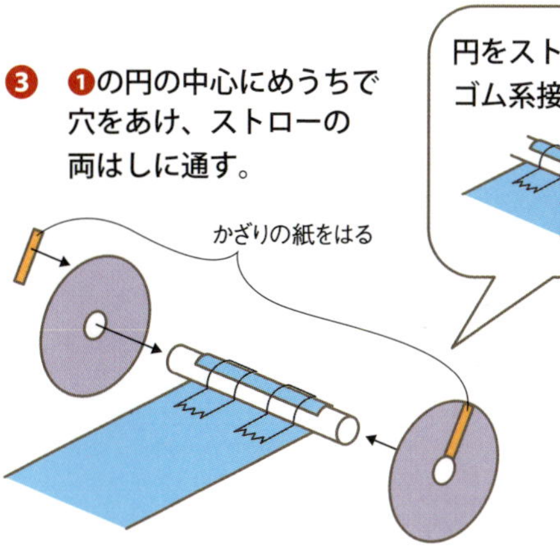

円をストローに通したらゴム系接着剤でとめる。

かざりの紙をはる

POINT 円の穴はストローがぎりぎり通る大きさにしよう。大きい穴だとぬけてしまうよ。

❹ ストローを中心にしておびを丸めて、紙ゼンマイを作る。

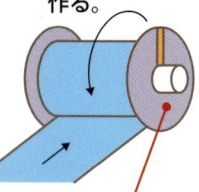

POINT 両はしのストローを持ってまくと、まきやすいよ。折り目をつけないようにまこう！

❺ 厚紙にマーメイド紙をはってゾウの形に切る。

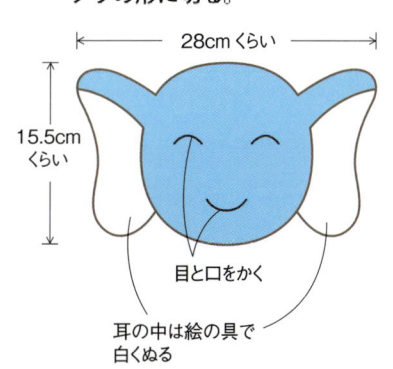

- 28cmくらい
- 15.5cmくらい
- 目と口をかく
- 耳の中は絵の具で白くぬる

❻ おびのはしをゾウの鼻の部分にはったら、完成。

上の部分をのりではる

第3章 ② 糸を引くとくるくる
シャボンだまピエロ

PART 3 まわす・まわる

箱についた糸を引くと、
くるりんくるりんと
かわいくおどるピエロ。
わっかのところが
シャボンだまのように見えて、
とってもきれいだね！

作り方 ▶ 74〜75ページ

はやくまわすと、わっかが
シャボンだまのように
なるよ！

バレリーナにしても
すてきだね！

ピエロの部分をこいのぼりや
コーヒーカップ、
かざみどりなどに
かえても
おもしろいね。

ADVICE

うわぁ、ほんとうに
おどっているみたいだ！

作り方 ㉓ シャボンだまピエロ

作品 ▶ 72〜73ページ

型紙 ▶ 165ページ

材 料
ペットボトル、色画用紙、アルミテープ、
ティッシュ箱、たこ糸、輪ゴム、つまようじ、
ダンボール、クリップ、竹ひご（27cm 直径3mm）、
シールやテープ（かざり用）

道 具
はさみ、カッターナイフ、定規、木工用接着剤、
ゴム系接着剤、きり、セロハンテープ、
水性ペンキ（またはアクリル絵の具）、はけ

---

① 丸いペットボトルを2cm幅に切る。

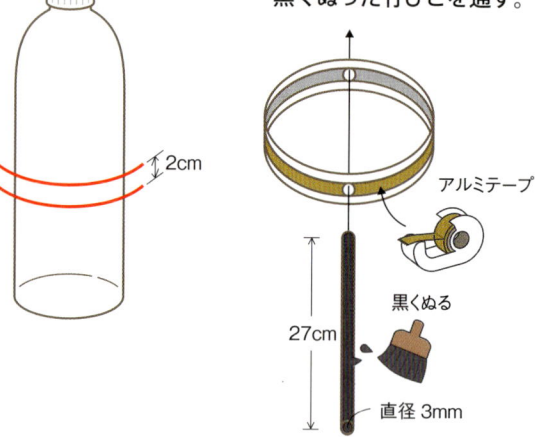

② ①にアルミテープをはって、かざる。
上下にきりで穴をあけ、黒くぬった竹ひごを通す。

アルミテープ
黒くぬる
27cm
直径3mm

③ ティッシュ箱に色をぬり、3か所に穴をあける。

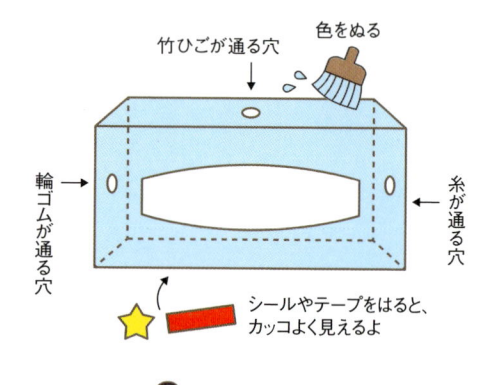

竹ひごが通る穴
色をぬる
輪ゴムが通る穴
糸が通る穴

シールやテープをはると、カッコよく見えるよ

ピエロを2枚作り、竹ひごをはさんではる。

④ ダンボールをはり重ねて"受け"を作り、ティッシュ箱の中央にはる。
②にピエロの人形をはり、ティッシュ箱上面の穴からさし、下の"受け"にしっかりさしこむ。

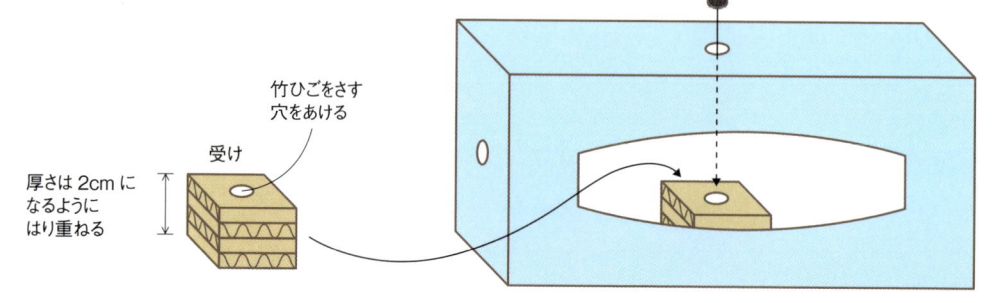

竹ひごをさす穴をあける
受け
厚さは2cmになるようにはり重ねる

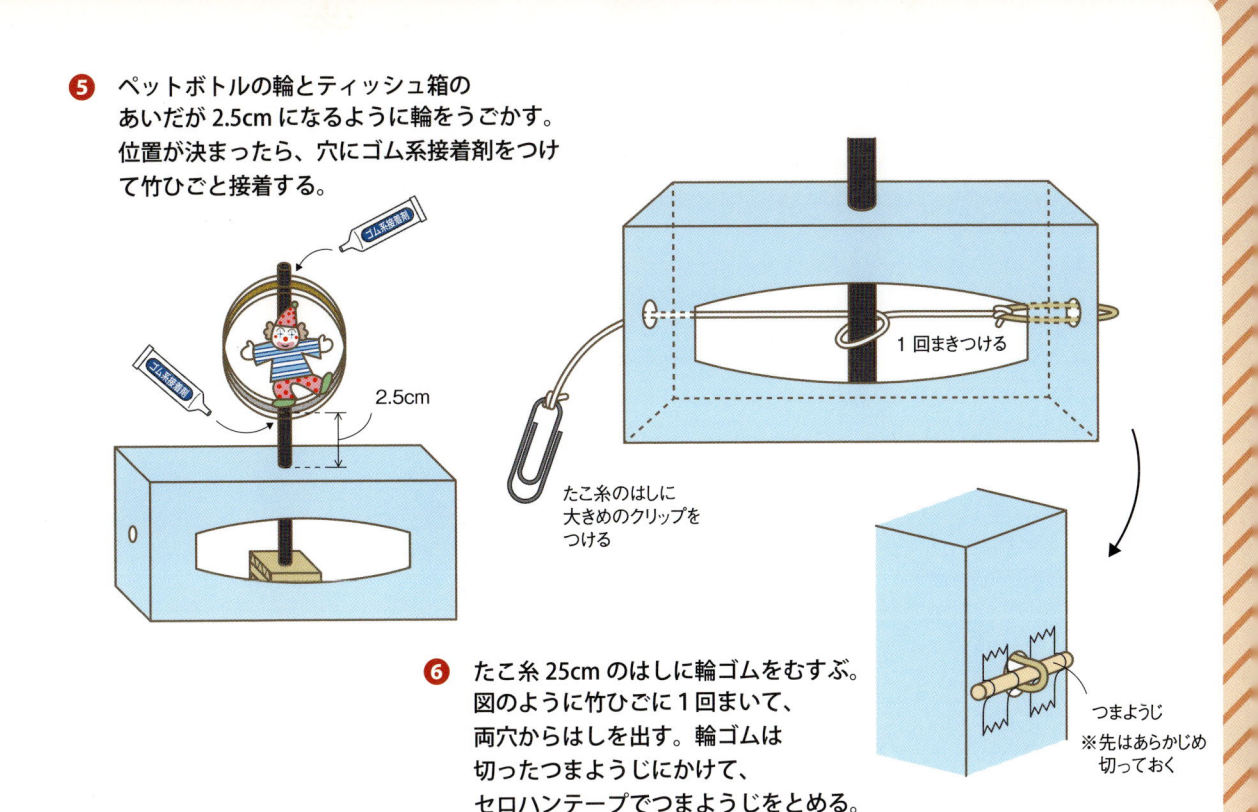

❺ ペットボトルの輪とティッシュ箱の あいだが 2.5cm になるように輪をうごかす。 位置が決まったら、穴にゴム系接着剤をつけ て竹ひごと接着する。

2.5cm

1 回まきつける

たこ糸のはしに 大きめのクリップを つける

つまようじ
※先はあらかじめ 切っておく

❻ たこ糸 25cm のはしに輪ゴムをむすぶ。 図のように竹ひごに1回まいて、 両穴からはしを出す。輪ゴムは 切ったつまようじにかけて、 セロハンテープでつまようじをとめる。

あそびかた

いっぽうの手でティッシュ箱を ささえながら、クリップを引いたり、 ゆるめたりしてね。 輪とピエロがくるくるまわるよ。 はやく引いてまわすと、 輪がシャボンだまに 見えてくるからふしぎ！

POINT ピエロをバレリーナ、コーヒーカップにのって 目をまわしている人にかえたり、まわる部分を 大きくしたり、アイデアが思いついたら作ってみよう！

75

第3章 まわす・まわる

㉔ どこでもできちゃう
くるくるミニ風ぐるま

えんぴつやシャープペンシルの先にのせてまわす、
めずらしくてかわいい風ぐるまだよ。
お友だちにじまんしちゃおう！

作り方 ▶ 78ページ

よくまわるよ！

ADVICE
風ぐるまのよこから
やさしく息をふくと、
きれいにまわるよ。

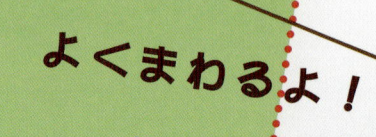

PART 3 まわす・まわる

76

㉕ ふんわりゆれる
ひこうきタワー

第3章 まわす・まわる

わりばしをまわして
手をはなすと、
ゆっくりまわっていくよ。
まるでくもの上に
いるみたい！
いつまでも
ながめていたいね。

作り方 ▶ 79ページ

作り方 ㉔ くるくるミニ風ぐるま
作品 ▶ 76ページ

材　料
2色の折り紙2枚

道　具
はさみ、カッターナイフ、定規、のり、シャープペンシル
（またはえんぴつや竹ぐしなど、先がとがったもの）

❶ 2色の折り紙を図のように切って、4等分に折りぐせをつける。

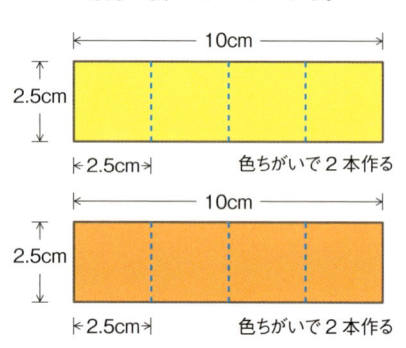

10cm
2.5cm
←2.5cm→　色ちがいで2本作る

10cm
2.5cm
←2.5cm→　色ちがいで2本作る

❷ うら面を上にして、図のように重ねてはり、よこ半分に折る。

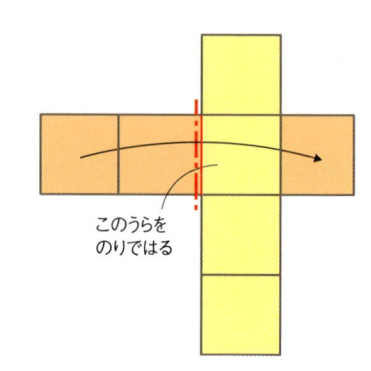

このうらを
のりではる

❸ 下を折り上げて、のりの面だけをはり合わせる。

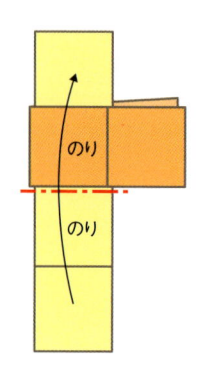

のり
のり

❹ 中をひらいて折る。

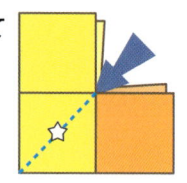

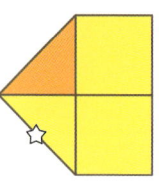

❺ 折りぐせをつけたら、❹の状態にもどして花のような形に整える。

❻ ●のすみを、それぞれえんぴつなどで外側へ丸める。

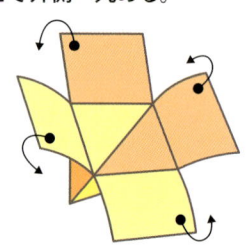

あそびかた
風ぐるまをシャープペンシル、またはえんぴつや竹ぐしなどの先にのせてふいてみよう。
よこからそっとふくと、よくまわるよ。

POINT
まわりにくいときは、はねの角度を上げたり、はねのまきを大きくして調節してみよう。

作り方 ㉕ ひこうきタワー
作品 ▶ 77ページ

型紙 ▶ 166ページ

材 料
ラップのしん、つまようじ、チーズの丸箱、
ろうそく（直径1.5cm）、包装紙、
針金（ラップのしんより長いもの）、わりばし2本、
輪ゴム4本、糸、色画用紙、厚紙、ペンチ

道 具
はさみ、カッターナイフ、定規、千枚通し、
水性ペンキ（またはアクリル絵の具）、はけ、
木工用接着剤、セロハンテープ

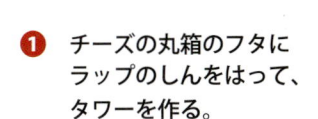

❶ チーズの丸箱のフタにラップのしんをはって、タワーを作る。

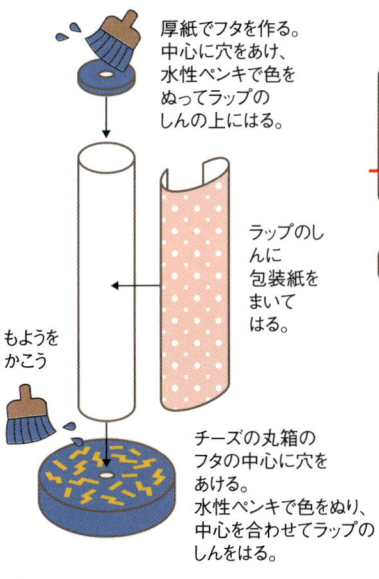

厚紙でフタを作る。中心に穴をあけ、水性ペンキで色をぬってラップのしんの上にはる。

ラップのしんに包装紙をまいてはる。

もようをかこう

チーズの丸箱のフタの中心に穴をあける。水性ペンキで色をぬり、中心を合わせてラップのしんをはる。

❷ ろうそくを7〜8mmの厚さに輪切りにして、しんをぬく。

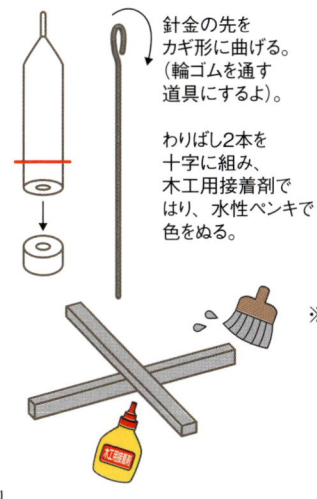

針金の先をカギ形に曲げる。（輪ゴムを通す道具にするよ）。

わりばし2本を十字に組み、木工用接着剤ではり、水性ペンキで色をぬる。

❸ 2本つないだ輪ゴムを2組、図のように❷のわりばしにかける。針金を輪ゴムに引っかけて、ろうそく、ラップのしんの中に輪ゴムを通し、チーズの箱のフタ穴から出してつまようじでとめる。針金をはずし、フタとチーズの箱をはめ合わせる。

※基本の輪ゴムのつなぎ方は、9ページを見てね。

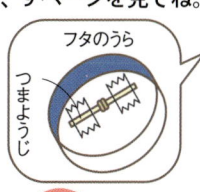

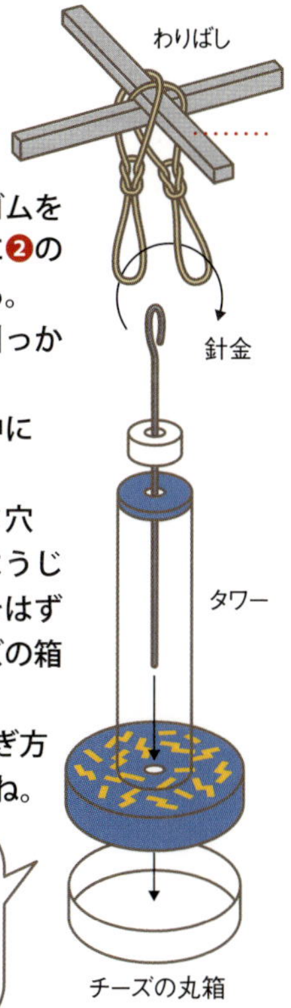

わりばし
針金
タワー
フタのうら
つまようじ
チーズの丸箱

❹ 型紙に合わせて色画用紙でひこうきを作り、30cmの糸をつける。

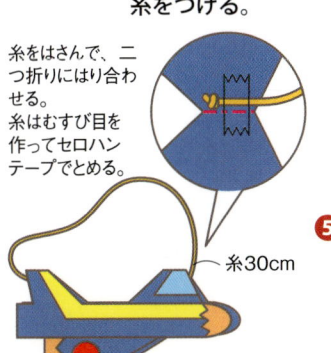

糸をはさんで、二つ折りにはり合わせる。糸はむすび目を作ってセロハンテープでとめる。

糸30cm

❺ 糸をわりばしの先にまきつけ、木工用接着剤でとめて、完成。

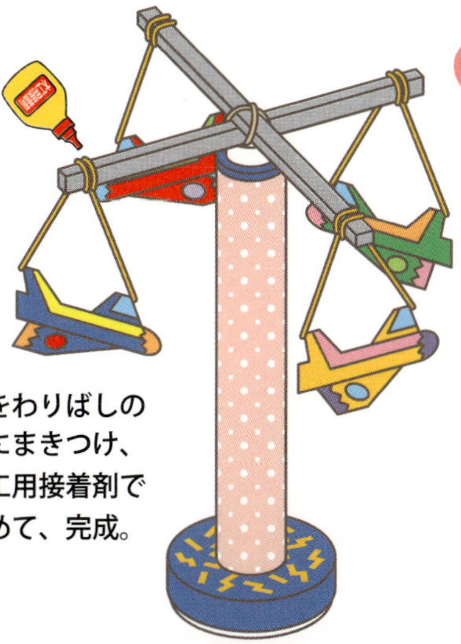

あそびかた
取りつけたひこうきの向きと逆向きにわりばしをまわして輪ゴムをまく。手をはなすと、ひこうきがゆっくりまわるよ。

㉖ コロコロ転がる ロボットトリオ

第3章 まわす・まわる

ADVICE
ダンボールなどの板は
タオルのような布などで
まいておくと、
すべりすぎず、うまく
転がすことができるよ。

コロコロコロ～～

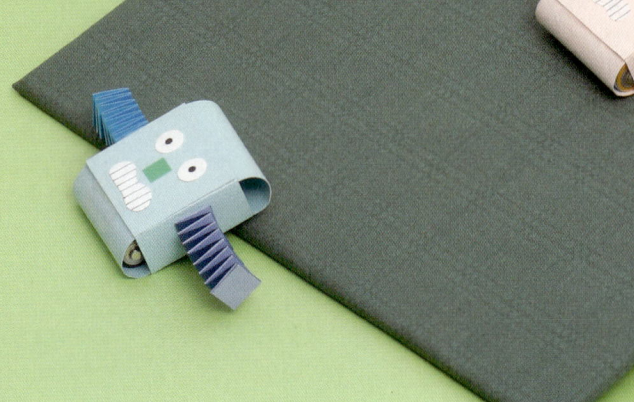

板の上にそっとのせるだけで
ロボットトリオがコロコロコロ・・・
転がっていくときの表情も
たのしんでね。

作り方 ▶ 82ページ

27 くるくるまわる パンダ

第3章 まわす・まわる

前後にうごかすと、**パンダがくるくるまわってうごく**よ。
すごいいきおいだね。

作り方 ▶ 83ページ

くるくる

くるくる

パンダのサーカスみたいだ！

作り方 ㉖ ロボットトリオ

作品 ▶ 80ページ

材料
マーメイド紙、電池（単3電池・おもり用）、色画用紙、画用紙やシール（かざり用）、ダンボール

道具
はさみ、カッターナイフ、定規、のり、水性ペン、セロハンテープ

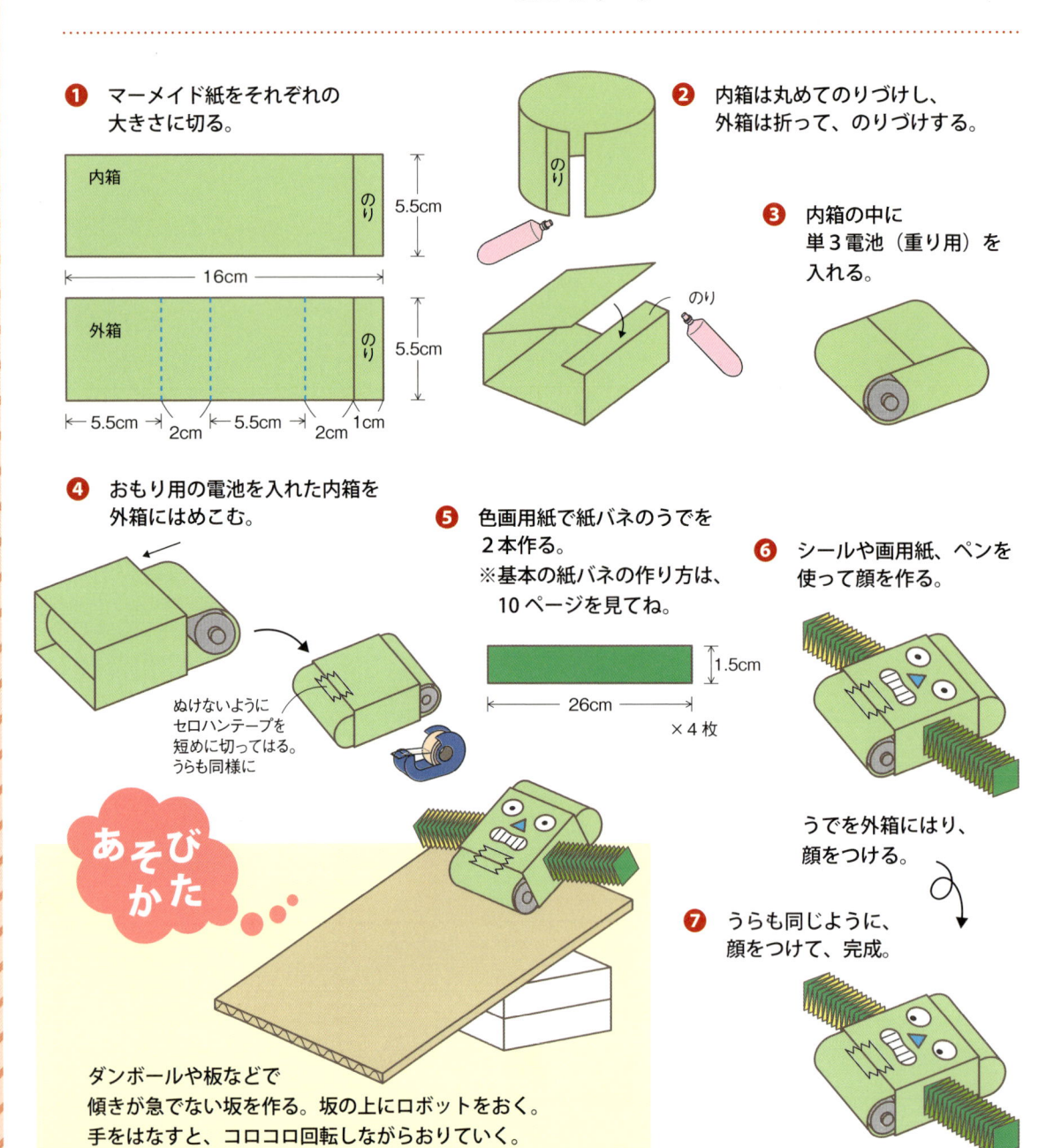

❶ マーメイド紙をそれぞれの大きさに切る。

内箱　5.5cm　16cm　のり
外箱　5.5cm　5.5cm　2cm　5.5cm　2cm　1cm　のり

❷ 内箱は丸めてのりづけし、外箱は折って、のりづけする。

❸ 内箱の中に単3電池（重り用）を入れる。

❹ おもり用の電池を入れた内箱を外箱にはめこむ。

ぬけないようにセロハンテープを短めに切ってはる。うらも同様に

❺ 色画用紙で紙バネのうでを2本作る。
※基本の紙バネの作り方は、10ページを見てね。

1.5cm　26cm　×4枚

❻ シールや画用紙、ペンを使って顔を作る。

うでを外箱にはり、顔をつける。

❼ うらも同じように、顔をつけて、完成。

あそびかた

ダンボールや板などで傾きが急でない坂を作る。坂の上にロボットをおく。手をはなすと、コロコロ回転しながらおりていく。ロボットがすべるときは、タオルなどを板にまくといいよ。

材料
ダンボール、色画用紙、輪ゴム

道具
はさみ、定規、カッターナイフ、のり、水性ペンキ、はけ、木工用接着剤、両面テープ、水性ペン

作り方 ㉗ パンダ
作品 ▶ 81ページ
型紙 ▶ 166ページ

① ダンボールを図の大きさに切る。

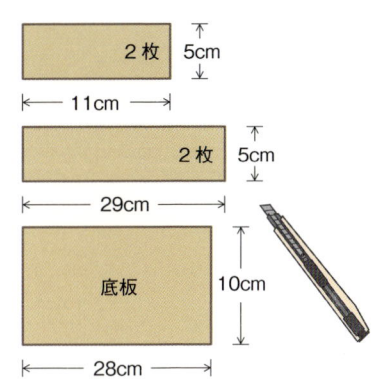

- 2枚　5cm × 11cm
- 2枚　5cm × 29cm
- 底板　10cm × 28cm

② 底板と同じ大きさに色画用紙を切り、はりつける。
❶で切ったダンボールをすべて図のように組み立てて、箱を作り、水性ペンキで色をぬる。
箱用のパンダ（顔）に色をぬり、箱にはる。

③ パンダに色をぬり、切り取る。

④ パンダの手の先を折って、図のように輪ゴムをはさんではる。

⑤ ❷で作った箱に輪ゴムをかける。

つくえの上にしっかりおしつけながら、前後にすべらせると、パンダがくるくるまわるよ。

アレンジ
パンダだけではなく、人間やほかのどうぶつでもおもしろいね。

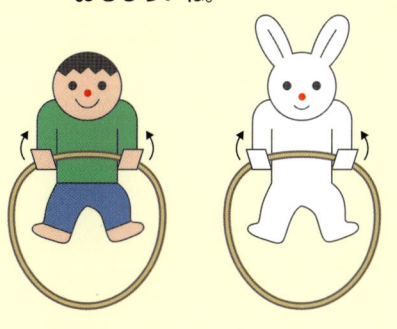

第3章 まわす・まわる

㉘ 輪ゴムのしかけでそうじゅう！
メリーゴーランド

輪ゴムのかんたんなしかけでくるり、くるり。
青いバーをまわすと、
メリーゴーランドも、うごき出すよ！

作り方 ▶ 86〜87ページ

おおっ！
メリーゴーランドを
そうじゅうしているみたい！

ADVICE

輪ゴムをかけるときは、
8の字にしっかりかけてね。
まわすときは、やさしくそっと
まわすと、輪ゴムがはずれにくいよ。

PART 3 まわす・まわる
84

85

作り方 ㉘ メリーゴーランド

作品 ▶ 84〜85ページ

型紙 ▶ 166ページ

材料
色画用紙、空き箱（22×12cm以上）、
チーズの丸い空き箱、ストロー、紙コップ、
スチレンボード（厚さ7mm）、厚いダンボール、
うすいダンボール、竹ひご6本、丸ぼう（直径4〜5mm）
輪ゴム6本、糸、シールなど

道具
はさみ、カッターナイフ、コンパス、定規、木工用接着剤、
ゴム系接着剤、セロハンテープ、水性ペンキ、はけ、
水性ペン、めうち

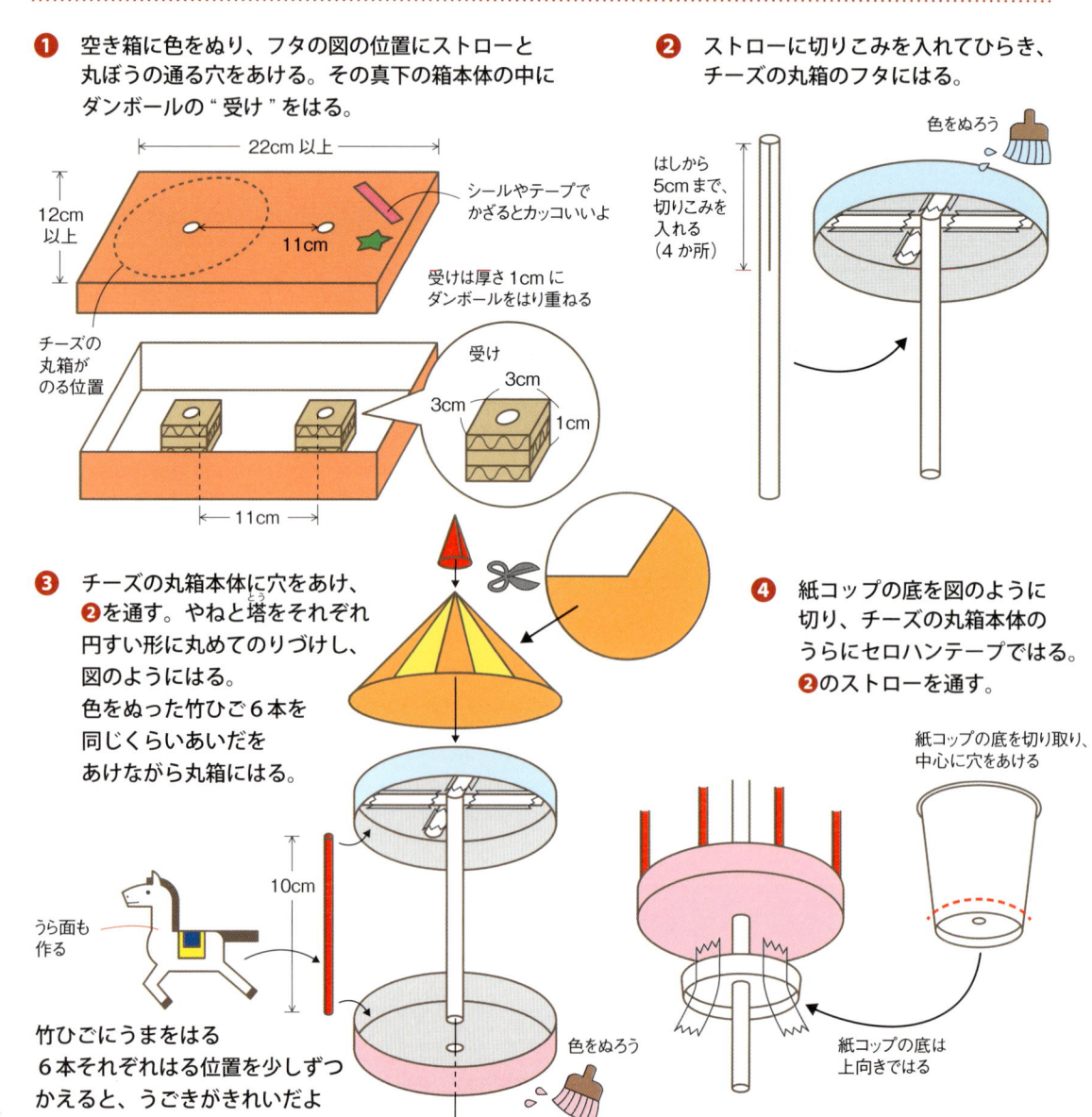

---

❶ 空き箱に色をぬり、フタの図の位置にストローと丸ぼうの通る穴をあける。その真下の箱本体の中にダンボールの"受け"をはる。

- 22cm以上
- 12cm以上
- 11cm
- シールやテープでかざるとカッコいいよ
- 受けは厚さ1cmにダンボールをはり重ねる
- チーズの丸箱がのる位置
- 受け
- 3cm　3cm　1cm
- 11cm

❷ ストローに切りこみを入れてひらき、チーズの丸箱のフタにはる。

- 色をぬろう
- はしから5cmまで、切りこみを入れる（4か所）

❸ チーズの丸箱本体に穴をあけ、❷を通す。やねと塔をそれぞれ円すい形に丸めてのりづけし、図のようにはる。
色をぬった竹ひご6本を同じくらいあいだをあけながら丸箱にはる。

❹ 紙コップの底を図のように切り、チーズの丸箱本体のうらにセロハンテープではる。❷のストローを通す。

- 紙コップの底を切り取り、中心に穴をあける
- 紙コップの底は上向きではる

- 10cm
- うら面も作る
- 竹ひごにうまをはる
6本それぞれはる位置を少しずつかえると、うごきがきれいだよ
- 色をぬろう

❺ うすいダンボールと
スチレンボードをはり合わせて
ホイールを作る。

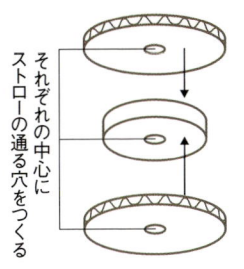

それぞれの中心にストローの通る穴をつくる

- 直径7cm の うすいダンボール
- 直径 5.5cm、厚さ7mm の スチレンボード
- 直径7cm の うすいダンボール

❻ ❹のストローを❶のフタに通し、
❺のホイールをはめて接着する。

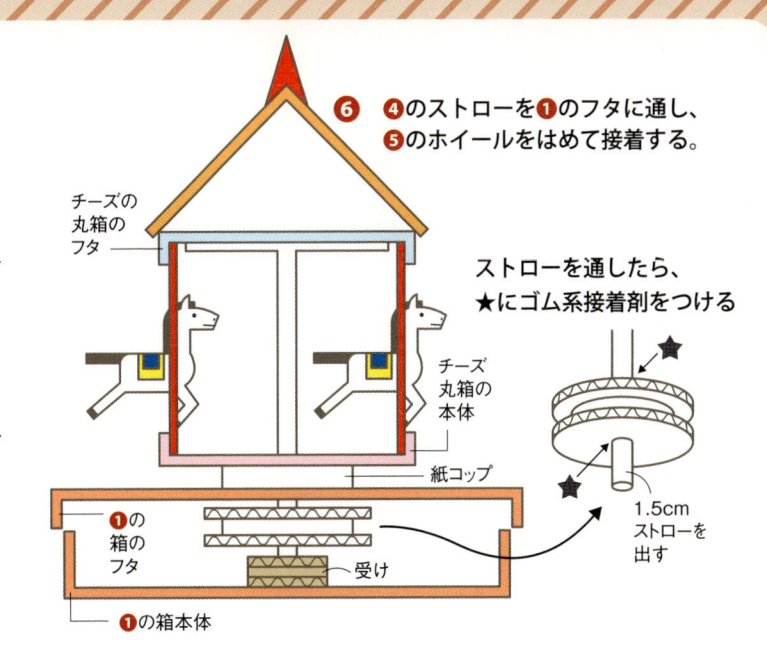

チーズの丸箱のフタ
チーズ丸箱の本体
紙コップ
❶の箱のフタ
受け
❶の箱本体

ストローを通したら、
★にゴム系接着剤をつける

1.5cm ストローを出す

❼ まわしぼうを作ろう。
❺と同じように
ホイールを作って、
丸ぼうをはめる。
❻と同じようにぼうの
先を 1.5cm 出して
接着する。

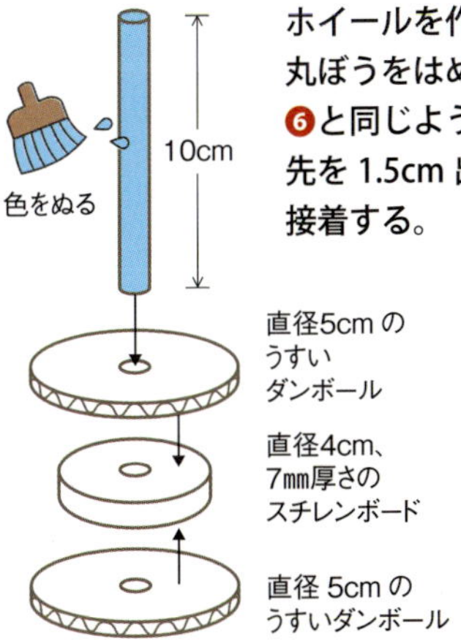

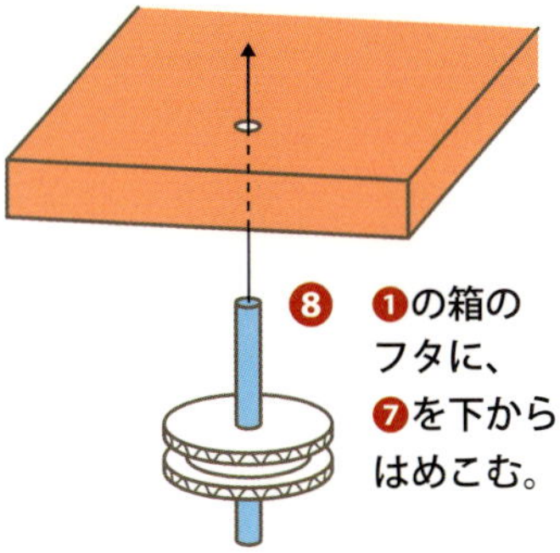

色をぬる　10cm

- 直径5cm の うすいダンボール
- 直径4cm、7mm厚さの スチレンボード
- 直径5cm の うすいダンボール

❽ ❶の箱の
フタに、
❼を下から
はめこむ。

❾ 輪ゴム6本をつなぎ、糸でしばって輪にする。
❶の箱の内側のホイールに
8の字にかけ、箱本体に
かぶせて、完成。
※基本の輪ゴムのつなぎ方は、
9ページを見てね。

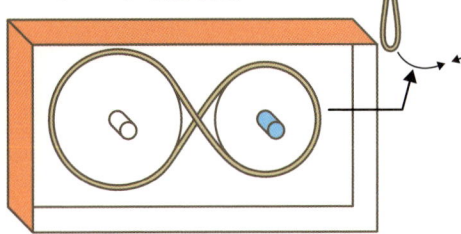

あそびかた

まわしぼうを
つまんでまわすと、
メリーゴーランドが
まわるよ。

POINT

うまのかわりに
魚をはれば、
まわる水族館だ！

まわしぼうに 72 ページの
ピエロの手をはれば、
ピエロがメリーゴーランドを
うごかしているみたい！

87

第3章 まわす・まわる

㉙ 紙ゼンマイでゴロゴロ
ロードローラー

大きなローラーで
道を平らにしてくれる
ロードローラー。
紙でできたローラーを転がして
進んでいくよ。

作り方 ▶ 90〜91ページ

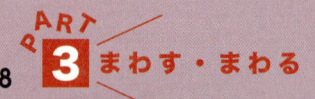

紙ゼンマイが
きつくまけるまで
何回かローラーを転がそう。

ADVICE

ローラーを持ち上げるときに、
せっかくまいた紙ゼンマイが
もどらないように
人さし指でおさえてね。

わあ!!

手をはなせば、
ローラーが
まわって進むよ。

89

㉙ ロードローラー

作り方

作品 ▶ 88〜89ページ

型紙 ▶ 167ページ

材　料
色画用紙（黄、グレー）、マーメイド紙、厚紙
画用紙、竹ひご2本（うち1本は太さ3mmくらい）、
輪ゴム2本

道　具
はさみ、カッターナイフ、定規、千枚通し、
木工用接着剤、セロハンテープ

---

❶ 色画用紙をはりつないで図のように長いおびを作る。

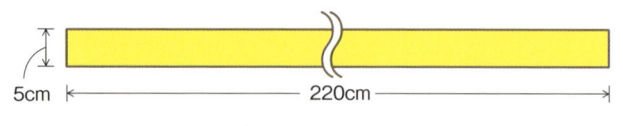

5cm　220cm

※紙が短いときは、とちゅうでつないでね。

❷ 竹ひごに❶のおびのはしを木工用接着剤ではり、その上からセロハンテープでおさえる。

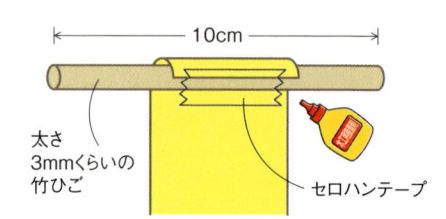

10cm

太さ3mmくらいの竹ひご

セロハンテープ

❸ おびを竹ひごに全部まきつけて紙ゼンマイにする。
※基本の紙ゼンマイの作り方は、10ページを見てね。

くせをつけるために輪ゴムでかりにとめておく

❹ グレーの紙でローラーを作る。

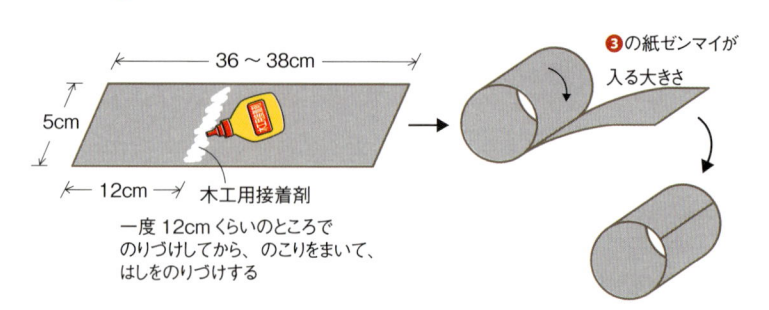

36〜38cm
5cm
12cm　木工用接着剤

一度12cmくらいのところでのりづけしてから、のこりをまいて、はしをのりづけする

❸の紙ゼンマイが入る大きさ

❺ ❸の紙ゼンマイを❹のローラーの内側に入れて、紙ゼンマイのはしをローラーにのりづけする。

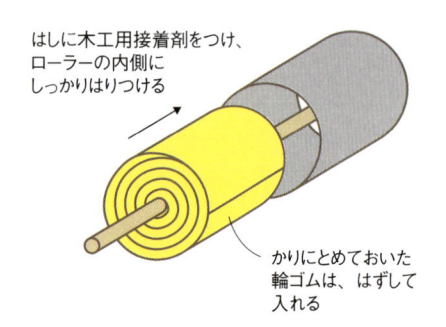

はしに木工用接着剤をつけ、ローラーの内側にしっかりはりつける

かりにとめておいた輪ゴムは、はずして入れる

❻ 輪ゴムを2本、ローラーに通し、セロハンテープでとめる。

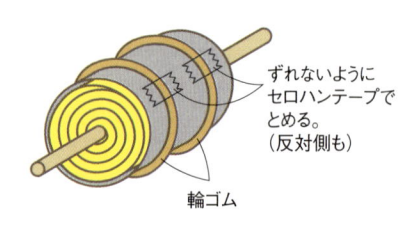

ずれないようにセロハンテープでとめる。（反対側も）

輪ゴム

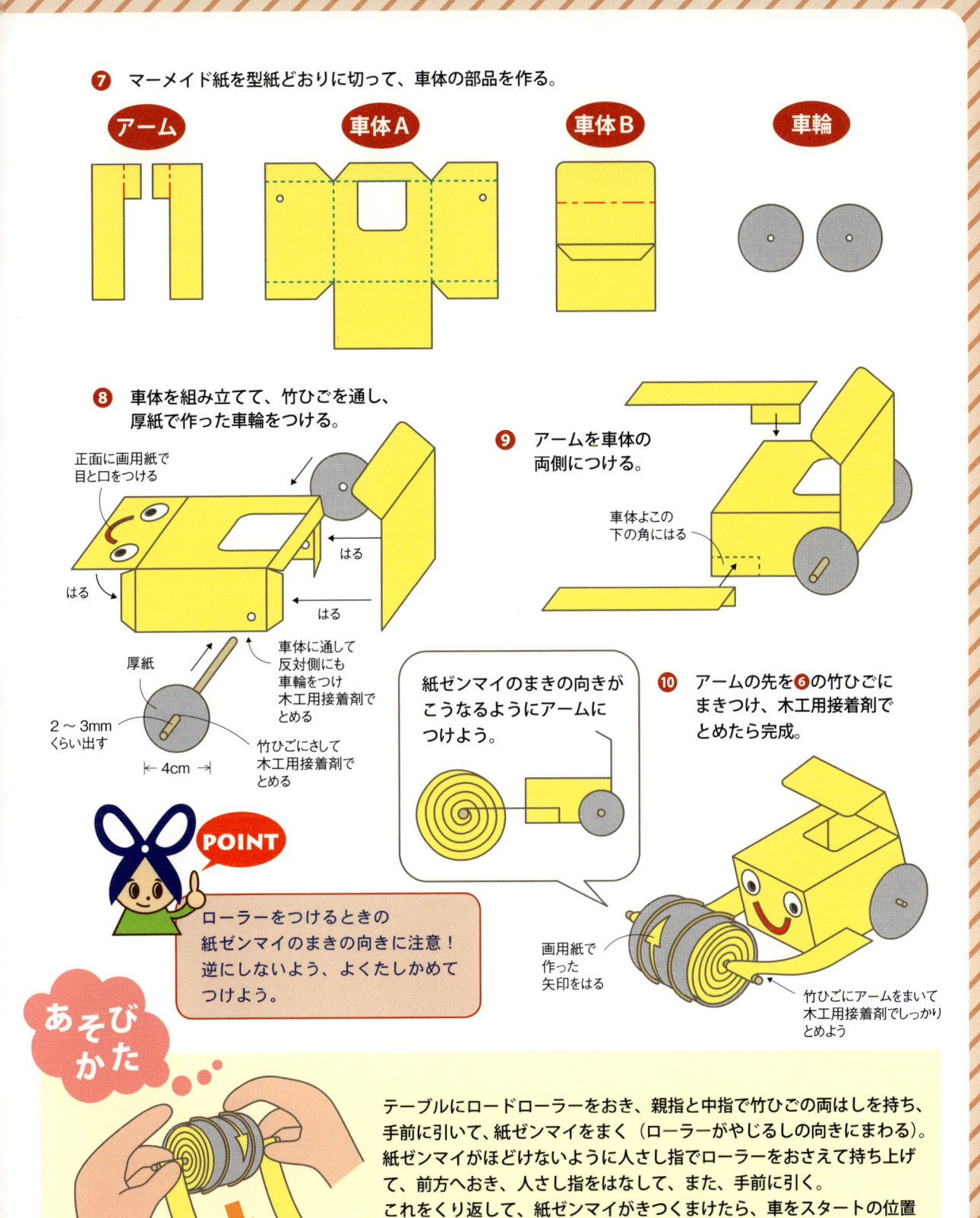

❼ マーメイド紙を型紙どおりに切って、車体の部品を作る。

アーム　　**車体A**　　**車体B**　　**車輪**

❽ 車体を組み立てて、竹ひごを通し、厚紙で作った車輪をつける。

正面に画用紙で目と口をつける

はる　　はる　　はる

厚紙

2～3mmくらい出す

←4cm→

車体に通して反対側にも車輪をつけ木工用接着剤でとめる

竹ひごにさして木工用接着剤でとめる

❾ アームを車体の両側につける。

車体よこの下の角にはる

紙ゼンマイのまきの向きがこうなるようにアームにつけよう。

POINT

ローラーをつけるときの紙ゼンマイのまきの向きに注意！逆にしないよう、よくたしかめてつけよう。

❿ アームの先を❻の竹ひごにまきつけ、木工用接着剤でとめたら完成。

画用紙で作った矢印をはる

竹ひごにアームをまいて木工用接着剤でしっかりとめよう

あそびかた

テーブルにロードローラーをおき、親指と中指で竹ひごの両はしを持ち、手前に引いて、紙ゼンマイをまく（ローラーがやじるしの向きにまわる）。紙ゼンマイがほどけないように人さし指でローラーをおさえて持ち上げて、前方へおき、人さし指をはなして、また、手前に引く。
これをくり返して、紙ゼンマイがきつくまけたら、車をスタートの位置において、人さし指をはなすと、前方へ走り出す。

やってみよう アレンジ 3 ｜ 画用紙で マジックおばけハウス

おばけの家？
それともどうぶつたちの家？

3つのまどの絵を
そろえられるかな？

材　料	………	画用紙
道　具	………	カッターナイフ、定規、水性ペン

作り方

❶ 図の大きさに合わせてカードを切る。
図のように絵をかき、色をぬる。

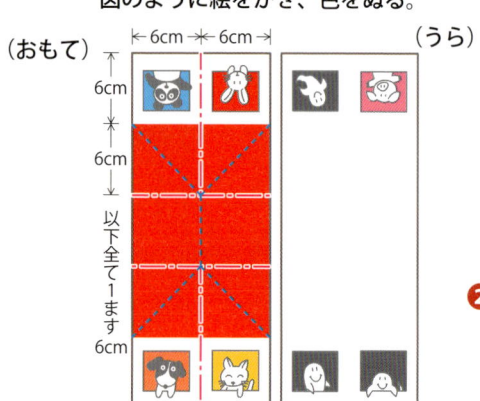

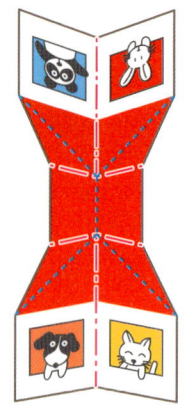

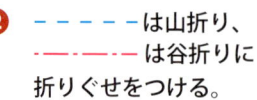

（おもて）　←6cm→←6cm→　（うら）
6cm
6cm
以下全て1ます
6cm

❷ - - - - - は山折り、
　—・—・— は谷折りに
折りぐせをつける。

❸ 図のような形に
なるように、たたむ。

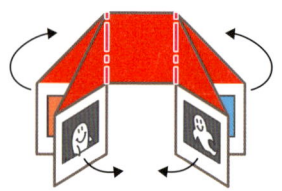

❹ 左右をとじたり、
ひらいたりして、
くせをつける。
じゅんび、OK！

あそびかた

左を前へ
右を後ろにしたり……

左も右も前に
たおしたり……

前後にいろいろたたみかえて、
絵がらの組み合わせを
かえてみよう。
おばけや、どうぶつで絵を
そろえることができるかな？

92

ゆらす ゆれる

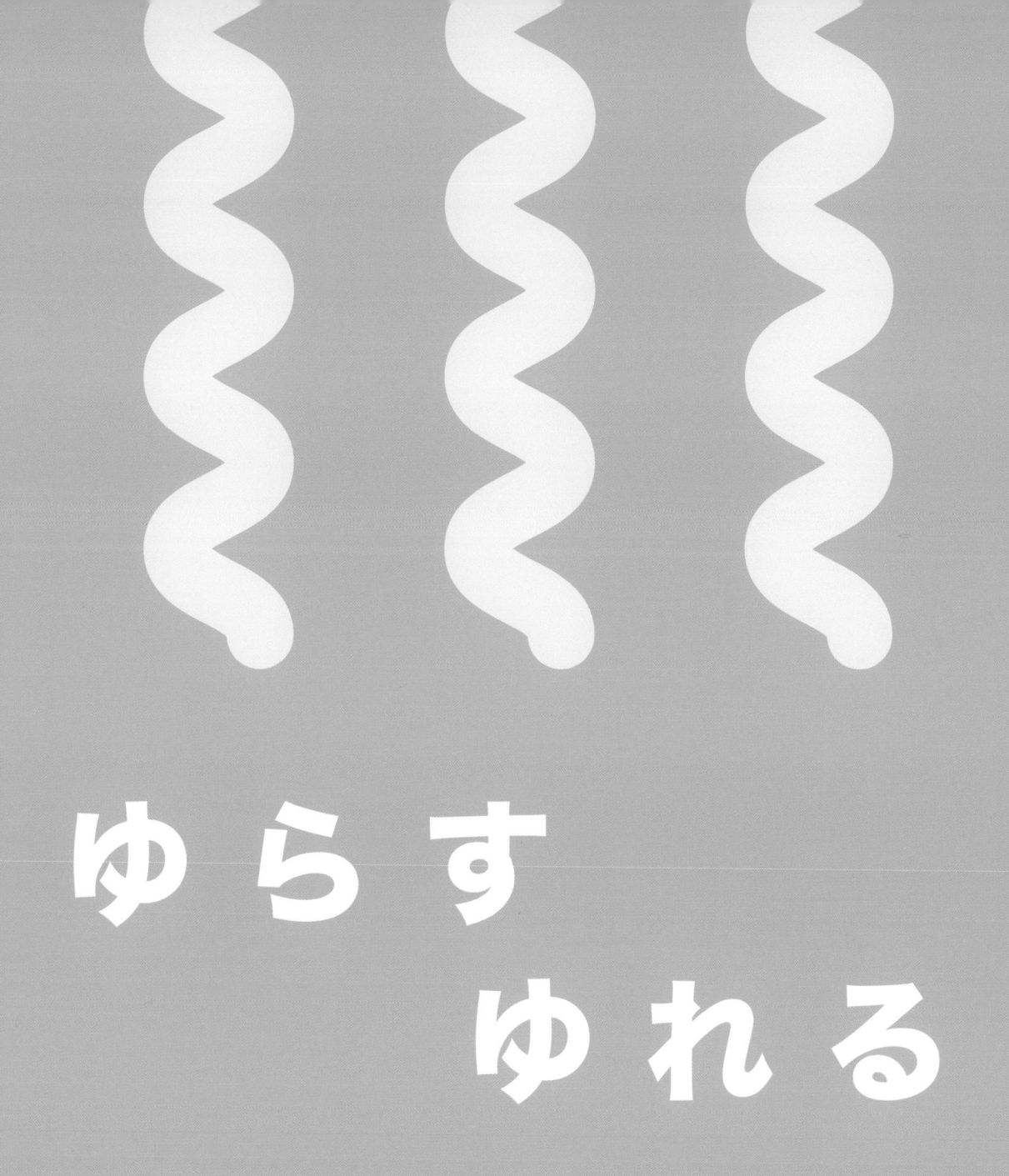

ヘビ／スイングドッグ／バランスゲーム／あるくサボテン／タコ／ダチョウのマリオネット
ウサギのダンス／うきうきカスタネット／とんとんずもう／正直者のサル／コアラ
びっくりピエロ／とべとべプテラノドン・・・アレンジ／モザイクボックス

第4章 ゆらす ゆれる

㉚ にょろにょろうごく
ヘ ビ

にょろにょろくねくね、
ヘビが体をくねらせる。

じょうずにヘビをおどらせよう！

PART 4 ゆらす・ゆれる

> ぼうをゆらしたり、まわしたり。どんなふうにうごくかな？

> あれれ？ぼうの上にのっかっちゃった！

にょろ にょろ

くね くね

音楽をかけながらおどらせてみてもたのしいよ。

> ぼくの肩にのっかってきたよ！！

作り方 ▶ 96〜97ページ

作り方 ㉚ ヘビ
作品 ▶ 94〜95ページ

材　料
色画用紙、糸、枝やぼうなど

道　具
はさみ、カッターナイフ、定規、針（はり）、のり

---

❶ 色画用紙を切って、図のようなおびを16本作る。

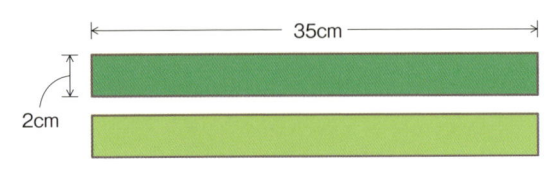

35cm / 2cm

※緑―8本作る
※黄緑―8本作る

❷ ❶のおびで、紙バネを8こ作る。
※基本の紙バネの作り方は、10ページを見てね。

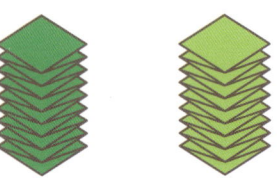

※緑と黄緑、4こずつ作る

❸ ❷の紙バネをはり合わせて長くする。

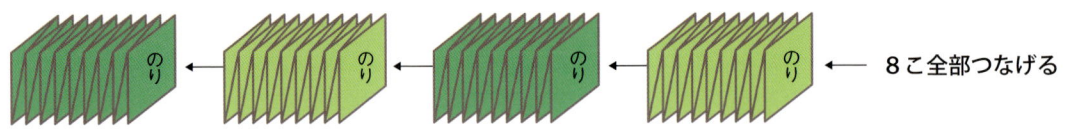

のり ← のり ← のり ← のり ← 8こ全部つなげる

緑と黄緑、こうごにつなげる

❹ 色画用紙で頭としっぽなどを作る。

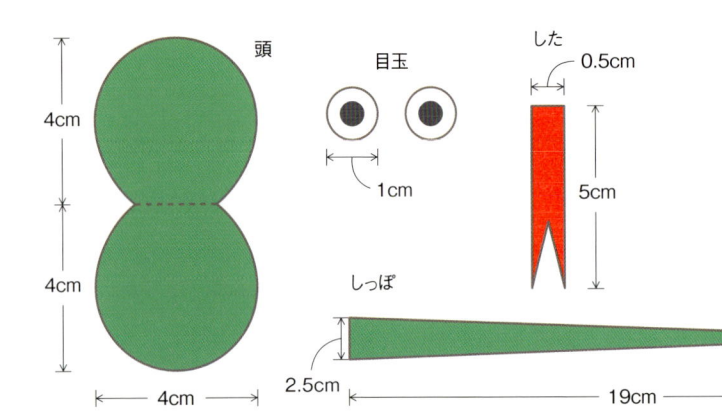

頭　4cm / 4cm / 4cm

目玉　1cm

した　0.5cm / 5cm

しっぽ　2.5cm / 19cm

POINT
頭を作るときは、ふたつに折った紙に半分の形をかいて2枚一度に切るといいよ。

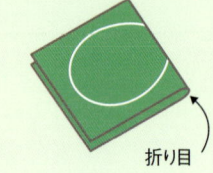

折り目

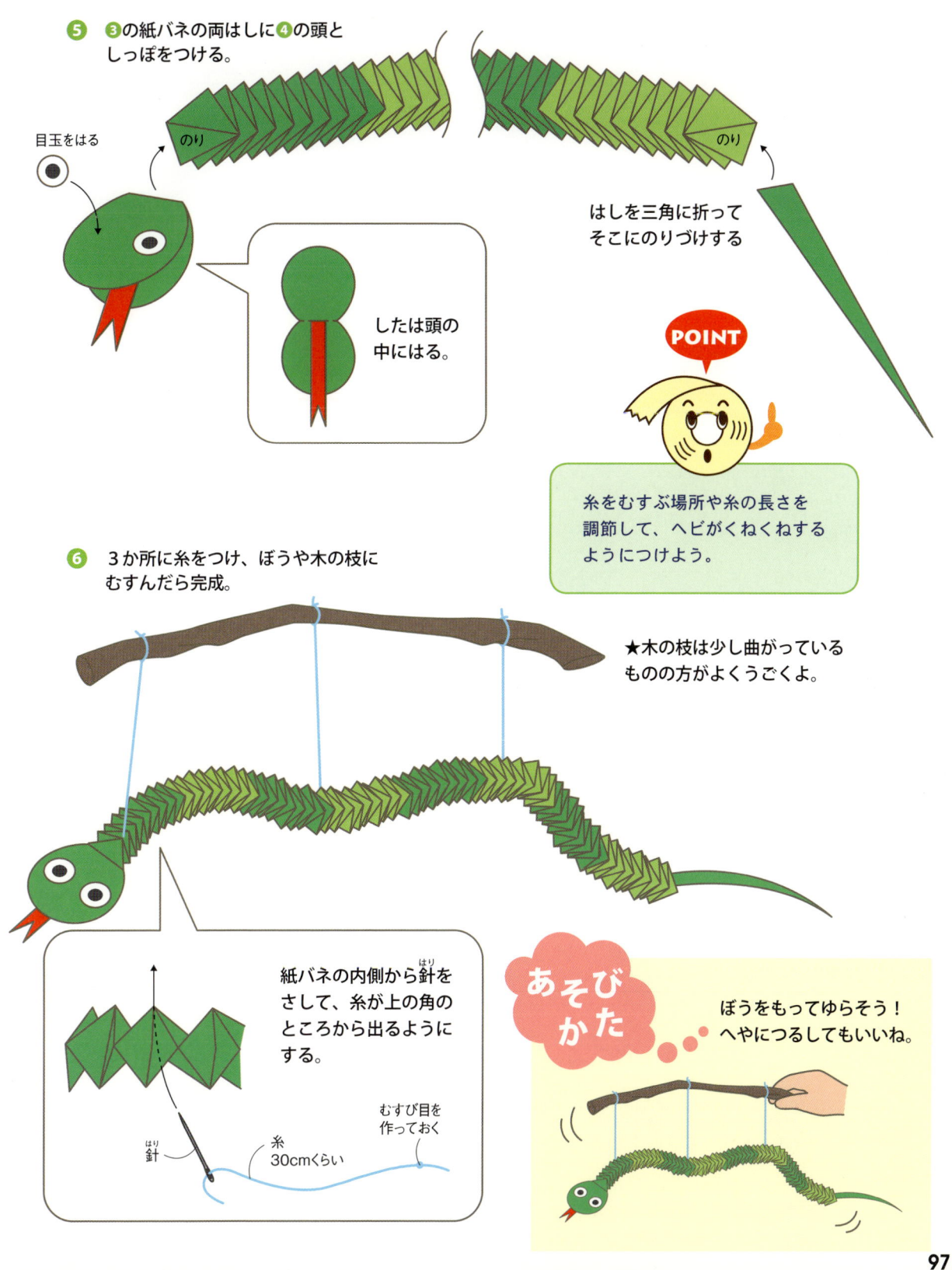

❺ ❸の紙バネの両はしに❹の頭としっぽをつける。

目玉をはる
のり
のり

はしを三角に折ってそこにのりづけする

したは頭の中にはる。

POINT
糸をむすぶ場所や糸の長さを調節して、ヘビがくねくねするようにつけよう。

❻ 3か所に糸をつけ、ぼうや木の枝にむすんだら完成。

★木の枝は少し曲がっているものの方がよくうごくよ。

紙バネの内側から針をさして、糸が上の角のところから出るようにする。

針
糸 30cmくらい
むすび目を作っておく

あそびかた
ぼうをもってゆらそう！へやにつるしてもいいね。

第4章 ゆらす ゆれる

31 かわいらしくゆれる
スイングドッグ

ちょんとさわると、ぽわん、ぽわん。
かわいらしいうごきに
思わずにっこりしちゃうね。

作り方 ▶ 100ページ

かわいい！
何回もさわりたくなるよ。

4 ゆらす・ゆれる

32 じょうずにのせられる？
バランスゲーム

第4章 ゆらす ゆれる

バランスをとりながら
人形をのせていくよ。
ゆらゆら、はらはら。
きんちょうしちゃうな。

作り方 ▶ 101ページ

右へゆらり
ドキドキ

左へゆらり
ドキドキ

あれ〜
たおれちゃった

しずかにおくのが
コツだよ〜！

作り方 ㉛ スイングドッグ
作品 ▶ 98ページ

型紙 ▶ 168ページ

材 料
マーメイド紙、色画用紙

道 具
はさみ、カッターナイフ、定規、木工用接着剤、水性ペン

イヌAの作り方

❶ 型紙（イヌA）に合わせて、マーメイド紙で顔を作る。

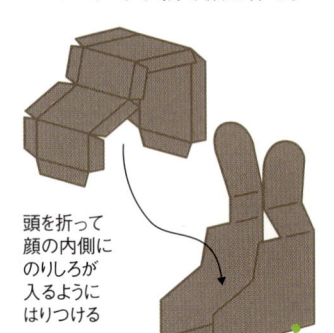

頭を折って顔の内側にのりしろが入るようにはりつける

❷ 目、鼻をつけ、口をかく。

❸ 色画用紙で足4本、くび、しっぽの紙バネを作る。
※基本の紙バネの作り方は、10ページを見てね。

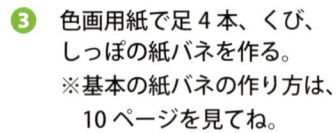

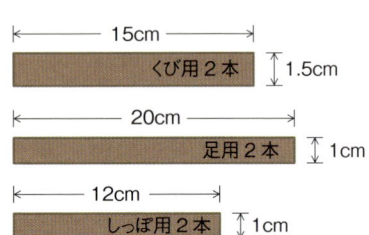

- 15cm くび用2本 1.5cm
- 20cm 足用2本 1cm
- 12cm しっぽ用2本 1cm

POINT 顔、体はしっかり折り目をつけると、きれいに仕上がるよ。

❹ 型紙に合わせて体を作り、箱型に折る。くびとしっぽの紙バネをはる。

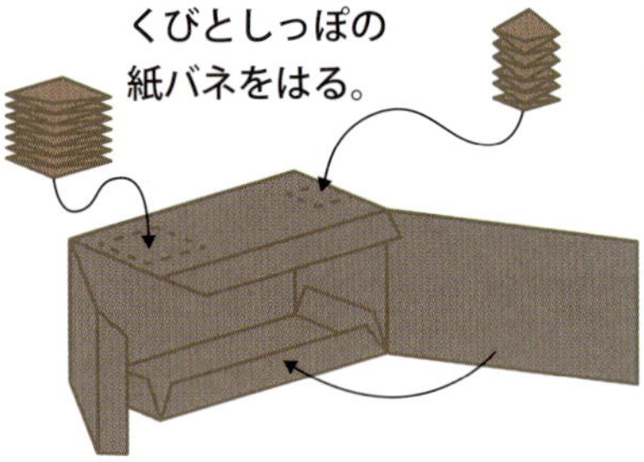

❺ くびの紙バネの上に顔をはる。足4本もはりつけて、完成。

イヌBの作り方

❶ 色画用紙で体と足の紙バネを作る。
※基本の紙バネの作り方は、10ページを見てね。

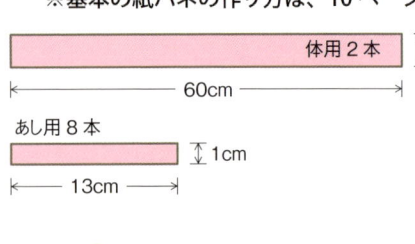

- 60cm 体用2本 3cm
- 13cm あし用8本 1cm

❷ 3cm四方の立方体を2つ作り、胸とおしりにする。

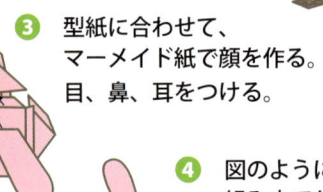

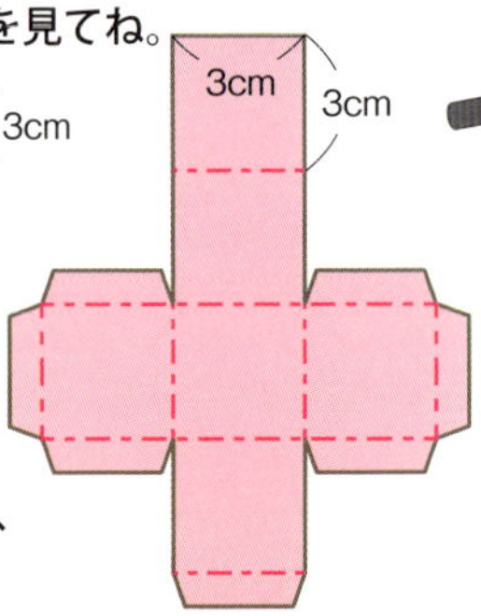

3cm 3cm 3cm

❸ 型紙に合わせて、マーメイド紙で顔を作る。目、鼻、耳をつける。

口を水性ペンでかく

❹ 図のようにはって組み立てれば、完成。

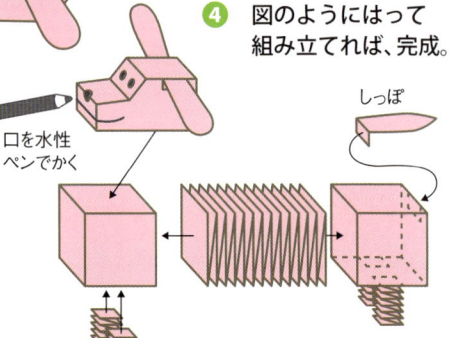

しっぽ

材料
マーメイド紙、色画用紙、厚紙、シール（かざり用）

道具
はさみ、カッターナイフ、定規、木工用接着剤、コンパス、水性ペン

作り方 32 バランスゲーム
作品 ▶ 99ページ

① マーメイド紙（または色画用紙）を丸め、コマを3色をそれぞれ5こずつ作る。

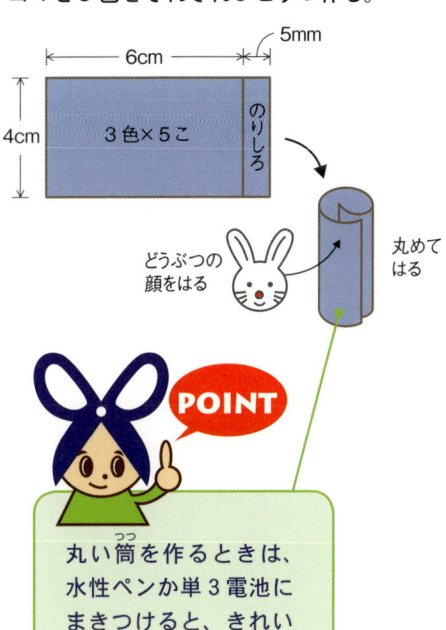

- 6cm ← → 5mm
- 4cm　3色×5こ　のりしろ
- どうぶつの顔をはる
- 丸めてはる

POINT
丸い筒を作るときは、水性ペンか単3電池にまきつけると、きれいに丸まるよ。

② マーメイド紙で紙バネを作る。
※基本の紙バネの作り方は、10ページを見てね。

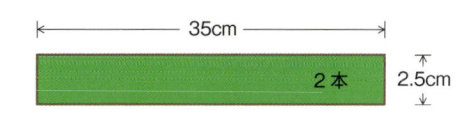

- 35cm
- 2.5cm
- 2本

③ 厚紙で直径10cmと8cmの円を作り、それぞれ中心に②の紙バネをはる。上の円に星などのもようをはって、完成。

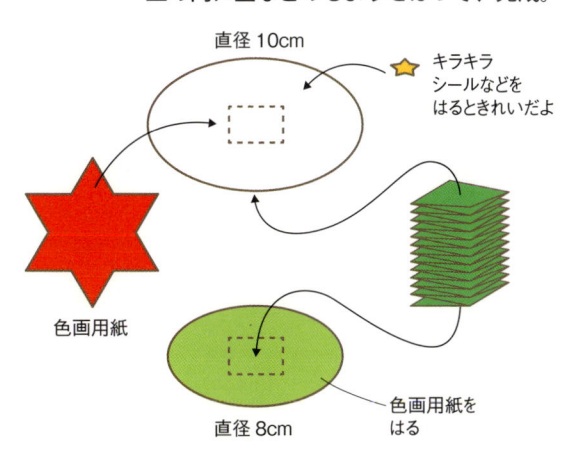

- 直径10cm
- キラキラシールなどをはるときれいだよ
- 色画用紙
- 直径8cm
- 色画用紙をはる

あそびかた

お友だちと順番を決め、交代で円の上にコマをおいていこう。コマを落とした人が負けだよ。

POINT
コマをそっとのせるのがコツ。真ん中に近いところにおいたほうがバランスを取りやすいよ。

第4章 ゆらす ゆれる

㉝ たたくと前に進む！
あるくサボテン

手に持って
左右にゆらしても
たのしいよ。
おどりだしたくなっちゃうな！

お花のところを
バスケットボールの
ドリブルのように
たたくと、トントン前に進むよ。
あるくふしぎなサボテンだ！

作り方 ▶ 104 ページ

PART 4 ゆらす・ゆれる

㉞ ゆらゆら たのしくおどる
タ コ

第4章 ゆらす ゆれる

手でつるして、ゆらしてみて。
ようきなうごきに、
おどりだしたくなっちゃうね。

作り方 ▶ 105ページ

なみのうごきに
合わせて
ゆ〜らゆら

「ヨーヨーみたいにして
もあそべるね！」

足の長さを
かえてもたのしいよ！

103

| 作り方 | **33 あるくサボテン** 作品 ▶ 102ページ |

材　料
マーメイド紙、糸、スズランテープ

道　具
はさみ、定規、のり、輪ゴム、千枚通し、ゴム系接着剤

❶ 図の大きさのマーメイド紙でまきつきバネを作る。くせがつくまで輪ゴムなどでとめ、しばらくおいておく。
※基本のまきつきバネの作り方は、10ページを見てね。

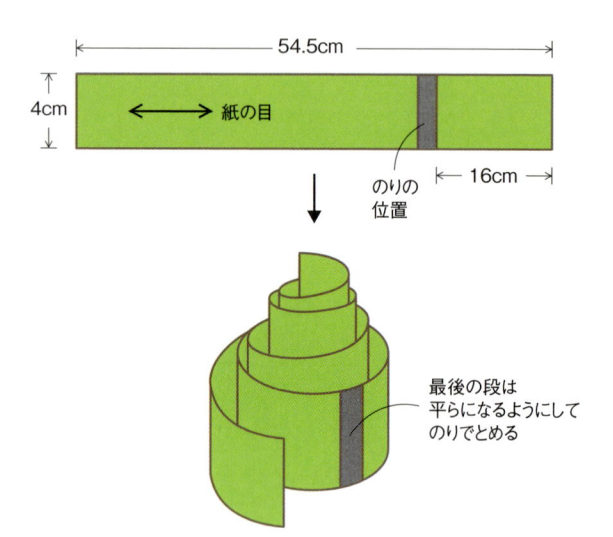

54.5cm
4cm
紙の目
のりの位置
16cm

最後の段は平らになるようにしてのりでとめる

❷ スズランテープを何回かまき、真ん中を糸でしばり、両側の輪を切りひらく。

❸ 千枚通しなどでスズランテープを細かくさいてポンポンを作る。

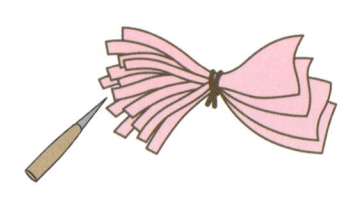

❹ ❶のバネの先にポンポンをはって完成。

あそびかた
テーブルなどかたい板の上において、ポンポンをドリブルすると前へ進むよ。

材料
赤いおもちゃのカプセル、輪ゴム2本、画用紙、赤のストロー、色画用紙、つまようじ

道具
はさみ、定規、カラースプレー（赤）、カッターナイフ、ゴム系接着剤、水性ペン

作り方 ③④ タコ
作品 ▶ 103ページ

❶ 赤いおもちゃのカプセルを用意する。
半とうめいの上ブタのほうは、内側からカラースプレーで色をつける。

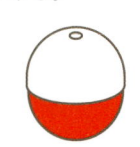

赤いおもちゃのカプセルがないときは……
赤のカラースプレーで色を上からつけてね。

❷ 画用紙で目を作る。カプセルに合う大きさに切ってから目をかきこむ。

❸ 赤いストローを1cmくらいの長さに切る。
1cm　タコの口になるよ

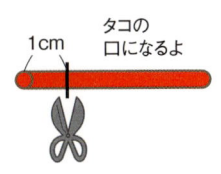

❹ ❷と❸で作った目と口を上半分のカプセルにはりつける。

❺ 切ったつまようじに輪ゴムをむすぶ。はしをカプセルの穴から外に出して、もう1本輪ゴムをむすぶ。カプセルをとじる。
→引っぱっても輪ゴムがぬけなくなるよ

❻ 色画用紙を図の大きさに16本切って、紙バネを8本作る。
※基本の紙バネの作り方は、10ページを見てね。
16本　1cm　20cm

❼ 紙バネの足を下のカプセルのまわりにゴム系接着剤でつけて完成。

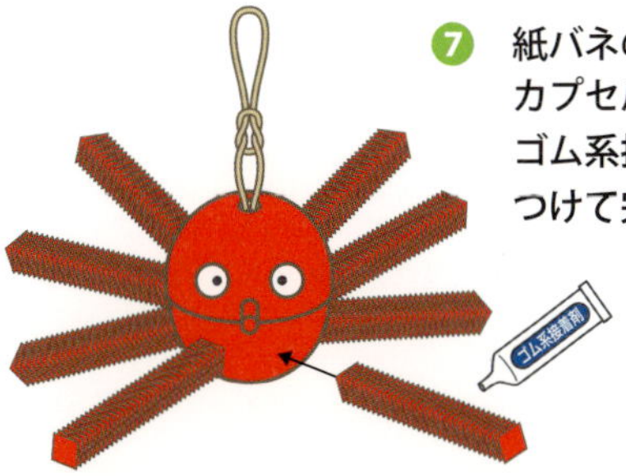

あそびかた
輪ゴムを指でつまんで上下にゆらしてあそんでね！

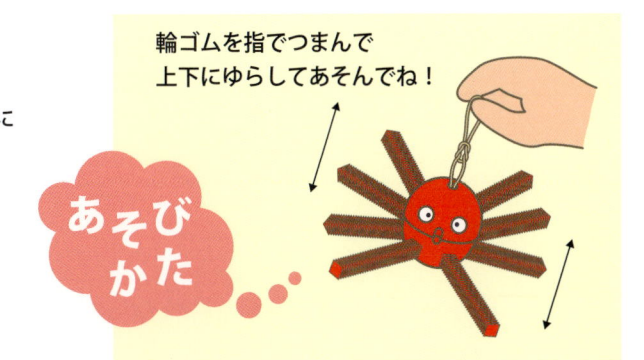

第4章 ゆらす ゆれる

㉟ じょうずにあやつって、ダンス！
ダチョウのマリオネット

ひょこひょこあるく

すっと　せのび

PART 4 ゆらす・ゆれる

ななめにしたり、
ゆらしたり、
わりばしをくふうして
うごかしてみよう

いっぽうの足を上げさせてみたよ！

くねっと
ちぢむ

長いくびと長い足を
くねくねさせてダチョウが
いろいろなポーズをとるよ。

作り方 ▶ 108～109ページ

作り方 ㉟ ダチョウのマリオネット
作品 ▶ 106〜107ページ

材　料
色画用紙、厚紙、ケント紙、調味料などの入れ物の黒いフタ、ペットボトルのキャップ（2こ）、わりばし、紙コップ、たこ糸

道　具
はさみ、きり、定規、えんぴつ、木工用接着剤、水性ペンキ、はけ、セロハンテープ、水性ペン

---

❶ 色画用紙で図のようなおびを作り、くび用2本、足用4本の紙バネを折る。
※基本の紙バネの作り方は、10ページを見てね。

くび用　2本　50cm　1cm
あし用　4本　60cm　1cm

❷ 黒いフタの中心に穴をあけ、たこ糸を通してとめる。
ペットボトルのキャップには色をぬってから、同じようにあなをあけて、たこ糸を通してとめる。

穴
黒いフタがなければ水性ペンキで黒くぬろう
たこ糸20cm
むすび目をつくってフタのうらにセロハンテープでとめる
水性ペンキで足に色をぬる
たこ糸45cm

❸ 黒いフタに合わせて厚紙でくちばしの形を作り、フタにはり、目玉をつける。

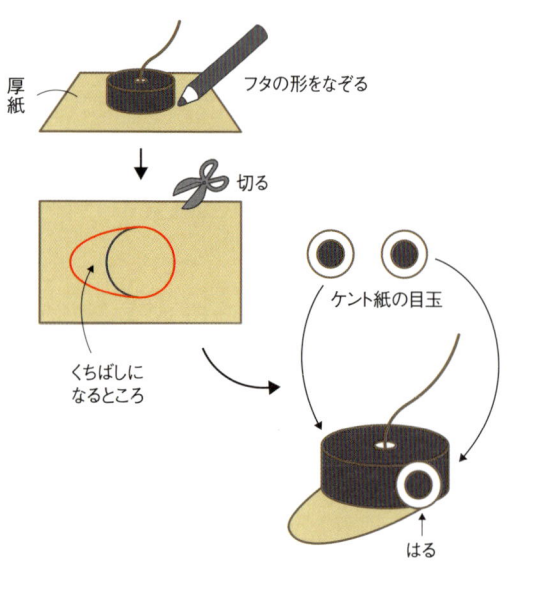

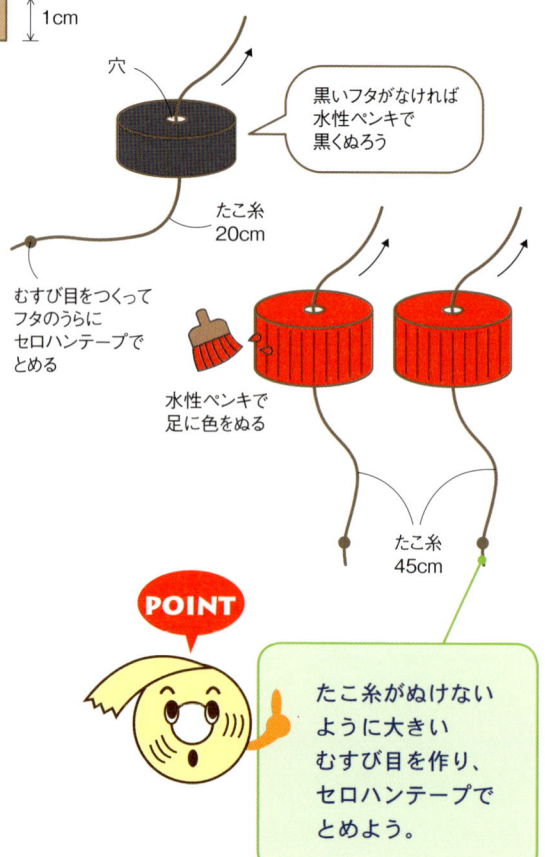

厚紙／フタの形をなぞる／切る／くちばしになるところ／ケント紙の目玉／はる

POINT　たこ糸がぬけないように大きいむすび目を作り、セロハンテープでとめよう。

❹ 紙コップを水性ペンキで黒くぬり、図の位置に穴をあけて、たこ糸を通してとめる。

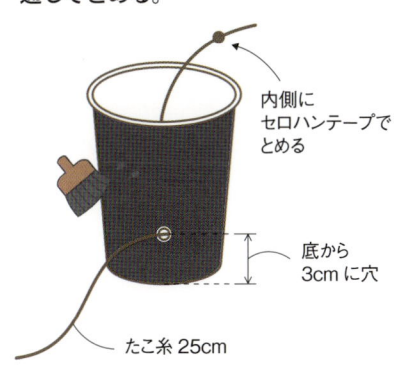

内側にセロハンテープでとめる

底から3cmに穴

たこ糸25cm

❺ 図のように紙コップに紙バネのくびと足をはり、それぞれの先に頭と足をはる。

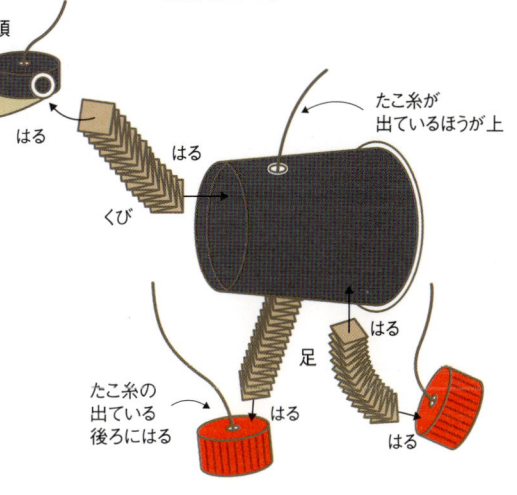

頭
はる
くび
はる
たこ糸が出ているほうが上
はる
足
たこ糸の出ている後ろにはる
はる

❻ ケント紙で図のように前後2枚のしっぽを作り、紙コップにはる。

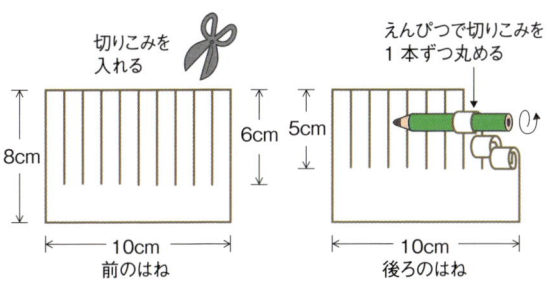

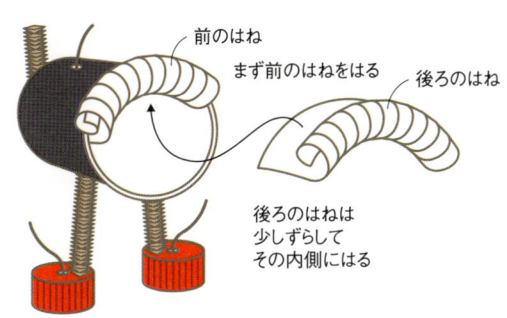

切りこみを入れる
8cm
6cm
10cm
前のはね

えんぴつで切りこみを1本ずつ丸める
5cm
10cm
後ろのはね

前のはね
まず前のはねをはる
後ろのはね
後ろのはねは少しずらしてその内側にはる

❼ わりばし2本をしばり合わせ、図のようにそれぞれのたこ糸をむすんだら完成！

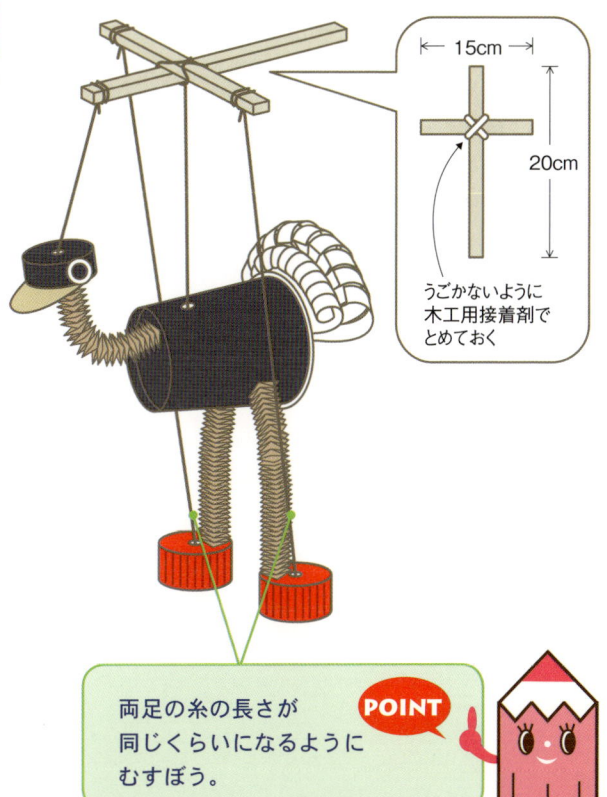

15cm
20cm
うごかないように木工用接着剤でとめておく

POINT
両足の糸の長さが同じくらいになるようにむすぼう。

アレンジ

しっぽにレースペーパーをはってもおしゃれだよ。

第4章 ゆらす ゆれる

36 びょんびょ〜ん！ ひょうきんにおどる
ウサギのダンス

たて、よこ、ななめ・・・。
いろいろな方向に
ゆらしてみてね。
リズムにのって
うさぎがダンスするよ！

作り方 ▶ 112ページ

Hey！
Hey！
Hey！

PART 4 ゆらす・ゆれる

第4章 ゆらす ゆれる

㊲ リズムに合わせて カンカンカン！
うきうきカスタネット

おんぷマークのところを
**たたいて、
カンカンカン♪**
みんなで盛り上がろう！

作り方 ▶ 113ページ

作り方 ㊱ ウサギのダンス
作品 ▶ 110ページ

材　料
色画用紙、ダンボール

道　具
はさみ、カッターナイフ、定規、コンパス、木工用接着剤、水性ペン

① 色画用紙でおびを6本作り、2色を組み合わせた紙バネを3組作る。
※基本の紙バネの作り方は、10ページを見てね。

37cm　色ちがいで6本　2.5cm

② 色画用紙でウサギを作る。
①の紙バネのはしを三角に折り上げ、うさぎをはる。

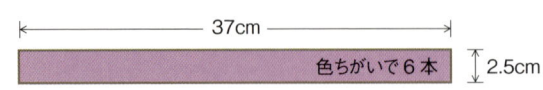

③ ダンボールで台を作り、色画用紙をはる。
②の紙バネをはって、完成。

〈原寸大〉

POINT 紙バネにはるウサギは、3羽それぞれポーズをかえてみてもいいし、ちがうどうぶつにしてみてもたのしいよ。

あそびかた
台の取手を持って、いろいろな方向にゆらしてみよう。ウサギたちのユーモラスなうごきがたのしいよ。

㊲ うきうきカスタネット

作り方　作品 ▶ 111ページ

材　料
マーメイド紙、色画用紙（かざり用）、
厚紙（ピザの箱などのうすいダンボール）

道　具
はさみ、定規、のり、輪ゴム、木工用接着剤、油性ペン、
コンパス、カッターナイフ

❶ 図の大きさのマーメイド紙でまきつきバネを作る。くせがつくまで輪ゴムなどでとめ、しばらくおいておく。
※基本のまきつきバネの作り方は、10ページを見てね。

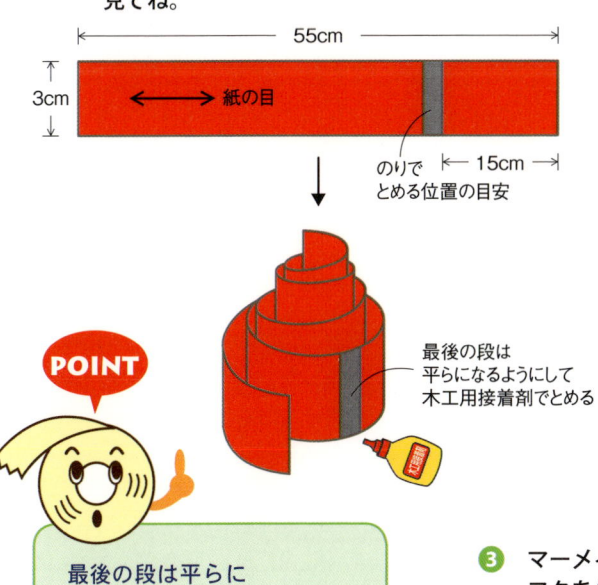

55cm
3cm
紙の目
のりでとめる位置の目安
15cm

最後の段は平らになるようにして木工用接着剤でとめる

POINT
最後の段は平らになるようにしっかり力を入れて、まきつけよう。

❷ 厚紙などで直径4.5cmの底板を作り、図のように❶と合わせるようにとめる。

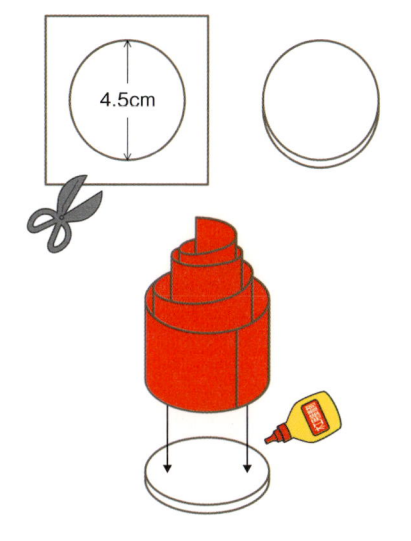

4.5cm

❸ マーメイド紙でフタを作り、バネの上はしにつける。

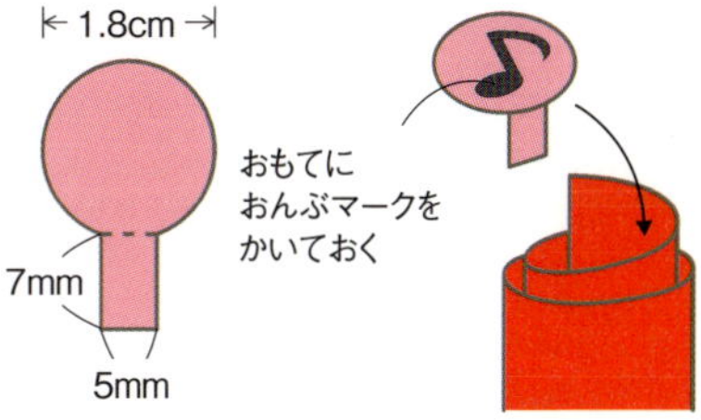

1.8cm
7mm
5mm
おもてにおんぷマークをかいておく

❹ 色画用紙を5mm幅に切り、外側にまきつけてかざりにしたら完成。

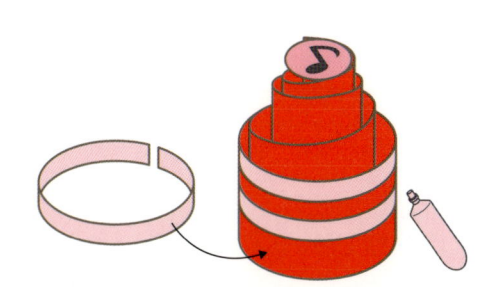

あそびかた
おんぷのところを手でたたいてね。いい音がするよ。

カンカンカン

113

第4章 ゆらす ゆれる

㊳ はっけよ〜い、のこった！
とんとんずもう

のこった！ のこった！
指先で土ひょうをとんとん
たたきながら戦おう。
さて、どちらが勝つかな？

作り方 ▶ 116ページ

勝った！

負けた！

㊴ すきなものときらいなものがバレちゃう！？
正直者のサル

第4章 ゆらす ゆれる

　ハチがきた！

じしゃくの力で
サルのすきなものと、
きらいなものがわかるよ。
ハチを近づけると……、
バナナはどうかな？
ためしてみてね。

作り方 ▶ 117ページ

おっ！バナナ！

おもしろい！
ハチを
いやがって、
サルがにげたよ。

115

作り方 ㊳ とんとんずもう
作品 ▶ 114 ページ

型紙 ▶ 168 ページ

材 料
ダンボール、ケント紙、マーメイド紙

道 具
はさみ、カッターナイフ、定規、顔料ペン、木工用接着剤、油性ペン

---

❶ ダンボールを図のサイズに切って、土ひょうを作る。

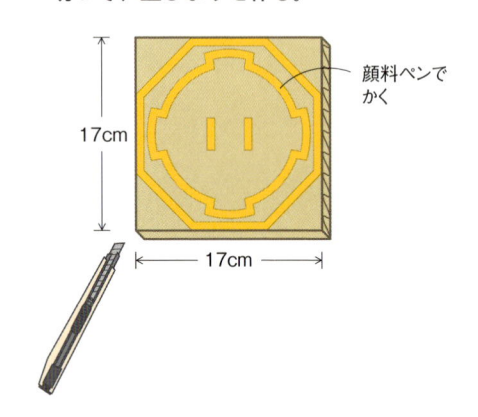

17cm × 17cm　顔料ペンでかく

❷ ケント紙で紙バネを作る。
※基本の紙バネの作り方は、10 ページを見てね。

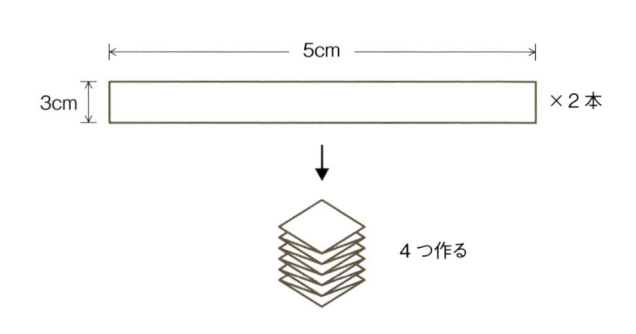

5cm × 3cm　×2本

4つ作る

❸ ❷のバネを4つ作り、土ひょうのうらの4すみにはる。土ひょうの完成。

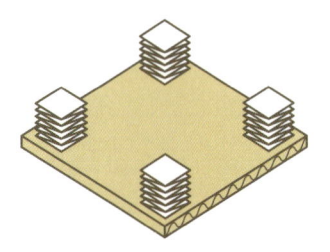

❹ 型紙に合わせて力士を作る。マーメイド紙で図のように切って、山折りにしたら力士の完成。

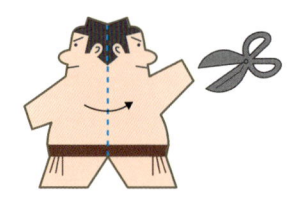

あそびかた
土ひょうの上に力士を組み合わせておき、たたいてゆらして戦おう。たおれたり、土ひょうの外に出たら負けだよ。

作り方 ㊴ 正直者のサル
作品 ▶ 115 ページ

型紙 ▶ 169 ページ

材　料
色画用紙、厚紙、折り紙、じしゃく2つ（丸いもの）

道　具
はさみ、カッターナイフ、定規、ゴム系接着剤、コンパス

❶ 色画用紙で図の大きさの紙バネを作る。
　※基本の紙バネの作り方は、10ページを見てね。

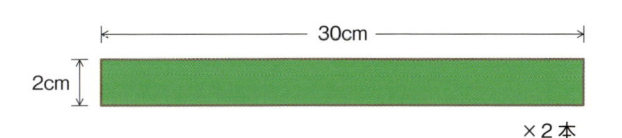

30cm
2cm
×2本

❷ 型紙に合わせてサル、バナナ、ハチを切る。
紙バネにじしゃくをはったら、
サルをその上にはる。

❸ 厚紙にもようの折り紙をはったら、
❷を円の真ん中にはる。

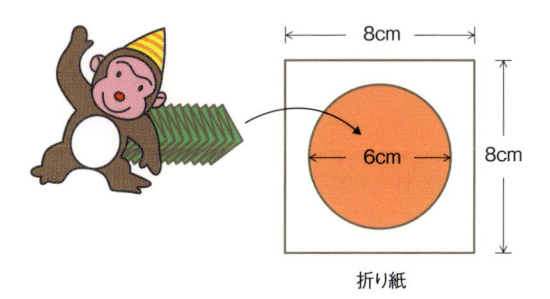

8cm
6cm
8cm
折り紙

❹ もうひとつのじしゃくのおもてとうらに
ハチとバナナ（リンゴでもよい）を
それぞれはる。

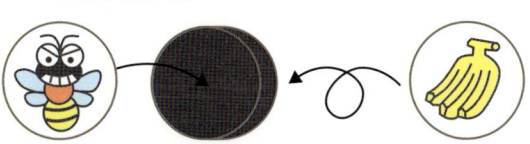

★じしゃくをサルに近づけると、くっつく側と
にげる側があるよ。
どちらの絵をはるか考えよう。

あそびかた

台紙をおさえて、
バナナ、ハチのじしゃくを
近づけてサルをうごかして
みよう。

※じしゃくにはりつける絵はいろいろかえても
たのしいね。

第4章 ゆらす ゆれる

㊵ ヒョイヒョイおりる
コアラ

コアラが下までおりたら、
持っていた手を上下にひっくり返してみて。
くり返し、たのしめるよ。

作り方 ▶ 120ページ

ヒョイヒョイ

おりるのにいそがしい！

ゆれながらおりてくる！
たのしい！！

ゴムをピンッ！と
はって持つと、しっかり
コアラがおりていくよ。

ADVICE

㊶ いろいろあそべる
びっくりピエロ

第4章 ゆらす ゆれる

左右にふると
ごきげんに**手足を
ゆらす**よ。いろいろな
使い方ができるから
ためしてみてね。

作り方 ▶ 121ページ

かざっても
かわいいね

小物入れとしても
使えるよ

どんぐりや
くるみを
入れてみて……

いい音〜♪

作り方 ㊵ コアラ

作品 ▶ 118 ページ

型紙 ▶ 169 ページ

材　料
色画用紙、輪ゴム（数本）、クリップ2こ、せんたくばさみ（つまみのはしに穴があるもの）

道　具
はさみ、水性ペン、両面テープ

① 型紙に合わせて、色画用紙でコアラを2つ作る。

POINT コアラの顔をかく場合には2つともちがう表情のほうがおもしろいよ。

② 3本の輪ゴムをつなぐ。つないだ輪ゴムをせんたくばさみの穴に通し、両はしにクリップをつける。
※基本の輪ゴムのつなぎ方は、9ページを見てね。

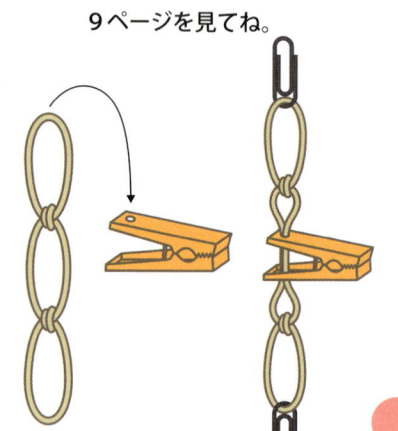

POINT 輪ゴムの本数は持ちやすい長さに調節しよう。

③ ②のせんたくばさみにコアラをはり、うら側にも逆さにはったら、完成。

あそびかた

コアラを上のほうにセットし、両はしのクリップを持って輪ゴムを垂直にピンとのばすと、ゆれながらコアラがおりてくるよ。
下までおりたら、上下をひっくり返そう。

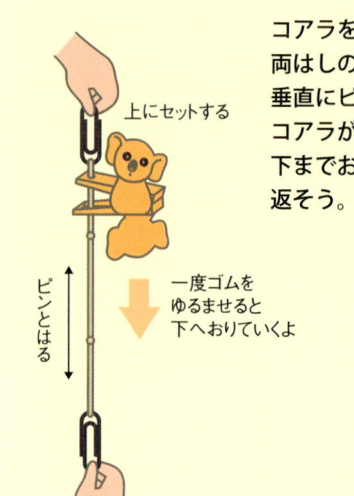

上にセットする
ピンとはる
一度ゴムをゆるませると下へおりていくよ

持ち手を上下逆さまにして同じようにすると、くり返しあそべるよ

材料
色画用紙、ポテトチップスなどの紙づつ容器、発泡球（直径4cm、2cm、1cmのもの）、丸シール（かざり用）

道具
はさみ、のり、カッターナイフ、定規、コンパス、発泡スチロール用接着剤、アクリル絵の具、筆、顔料ペン、両面テープ

作り方 ㊶ びっくりピエロ
作品 ▶ 119ページ

型紙 ▶ 169ページ

❶ 図の大きさの色画用紙で足、えり、手にする紙バネを作る。
※基本の紙バネの作り方は、10ページを見てね。

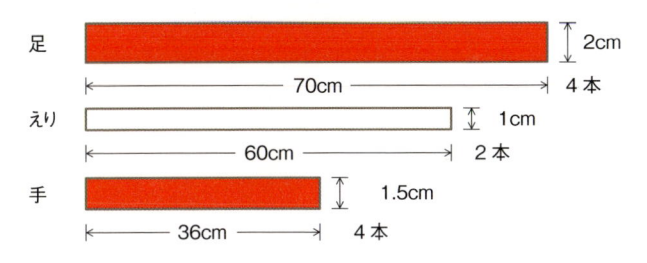

- 足　70cm × 2cm　4本
- えり　60cm × 1cm　2本
- 手　36cm × 1.5cm　4本

❷ ポテトチップスなどの紙づつ容器に色画用紙（赤）をまいてはり、フタの上面にも同じ色画用紙を丸く切ってはる。

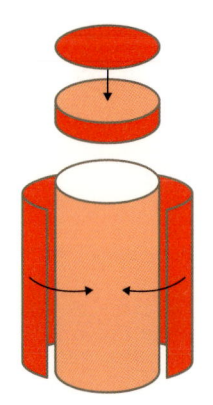

❸ フタの真ん中に直径4cmの発泡球を発泡スチロール用接着剤ではる。色画用紙でぼうしを作り、鼻（発泡球1cm）、かみの毛（発泡球2cm）にアクリル絵の具で色をぬり、ぼうしを発泡スチロール用接着剤で頭にはる。顔料ペンで顔をかく。

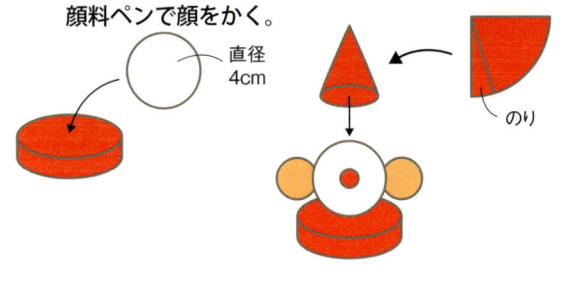

直径4cm

のり

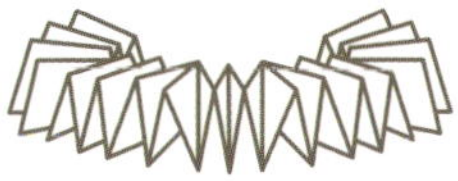

❹ えりのバネをくびのまわりに合わせて、はる。
えりと顔も発泡スチロール用の接着剤ではる。

❺ 手や足のバネをはりつけ、シールまたは丸く切った紙を体にはる。フタをしめたら、完成。

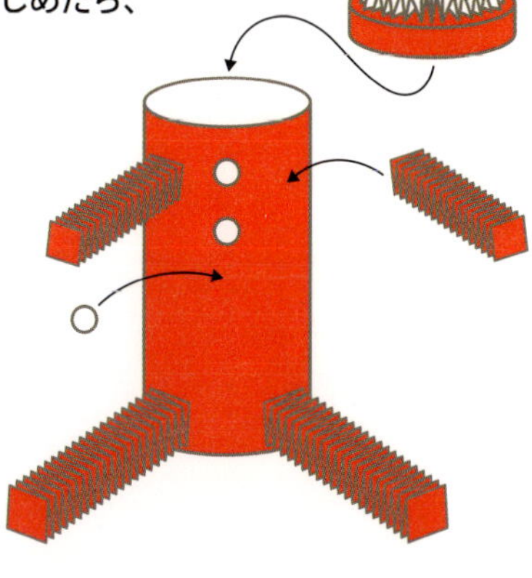

第4章 ゆらす ゆれる

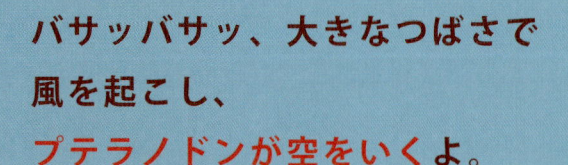

㊷ 大きなつばさを広げて空へ！
とべとべプテラノドン

バサッバサッ、大きなつばさで
風を起こし、
プテラノドンが空をいくよ。

作り方 ▶ 124〜125ページ

バサッ　バサッ

ADVICE
上のたこ糸で
つるす高さを調節しよう。
広いところにつるしてね。

おもりを軽く引っぱって
ゆらそう！

PART 4 ゆらす・ゆれる

体やはねの
形をかえれば、
カモメも作れるよ！

バサッ　バサッ

123

作り方 ㊷ とべとべプテラノドン

作品 ▶ 122〜123ページ

型紙 ▶ 170〜171ページ

材　料
厚紙、色画用紙、画用紙、電池（単2・おもり用）、たこ糸、クリップ、輪ゴム2本

道　具
はさみ、カッターナイフ、定規、のり、セロハンテープ、水性ペン、千枚通し、両面テープ

❶ 厚紙の両面に色画用紙をはり、型紙のように切って、プテラノドンの体を作る。

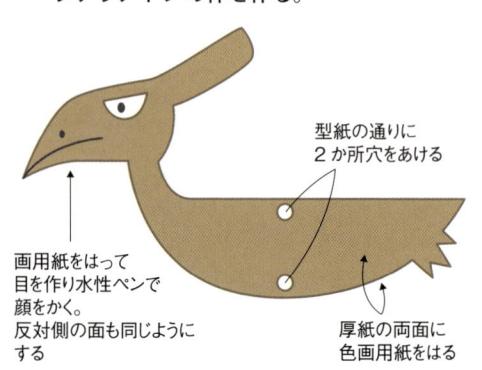

- 画用紙をはって目を作り水性ペンで顔をかく。反対側の面も同じようにする
- 型紙の通りに2か所穴をあける
- 厚紙の両面に色画用紙をはる

❷ 色画用紙を2枚はり合わせて型紙のように切り、つばさを作る。左右2つ作る。

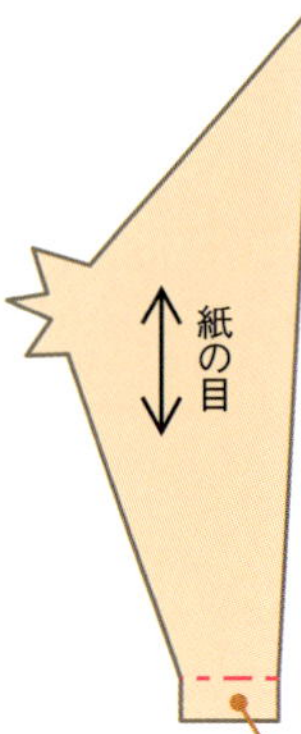

↕ 紙の目

ケント紙くらいのかための紙なら1枚でもいいよ。

POINT
2枚のつばさが同じ大きさ、形になるように作ると、うまくはばたくよ。

❸ 上の穴に輪ゴム2本をつけ、たこ糸40cmをつなぎ、糸の先にクリップをつける。

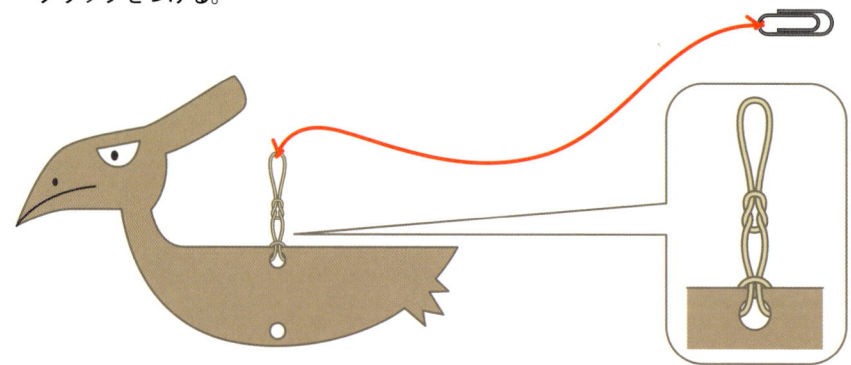

❹ ❷のつばさを体にはり、下の穴にたこ糸をつなぎ、糸の先に電池をつけたら完成！

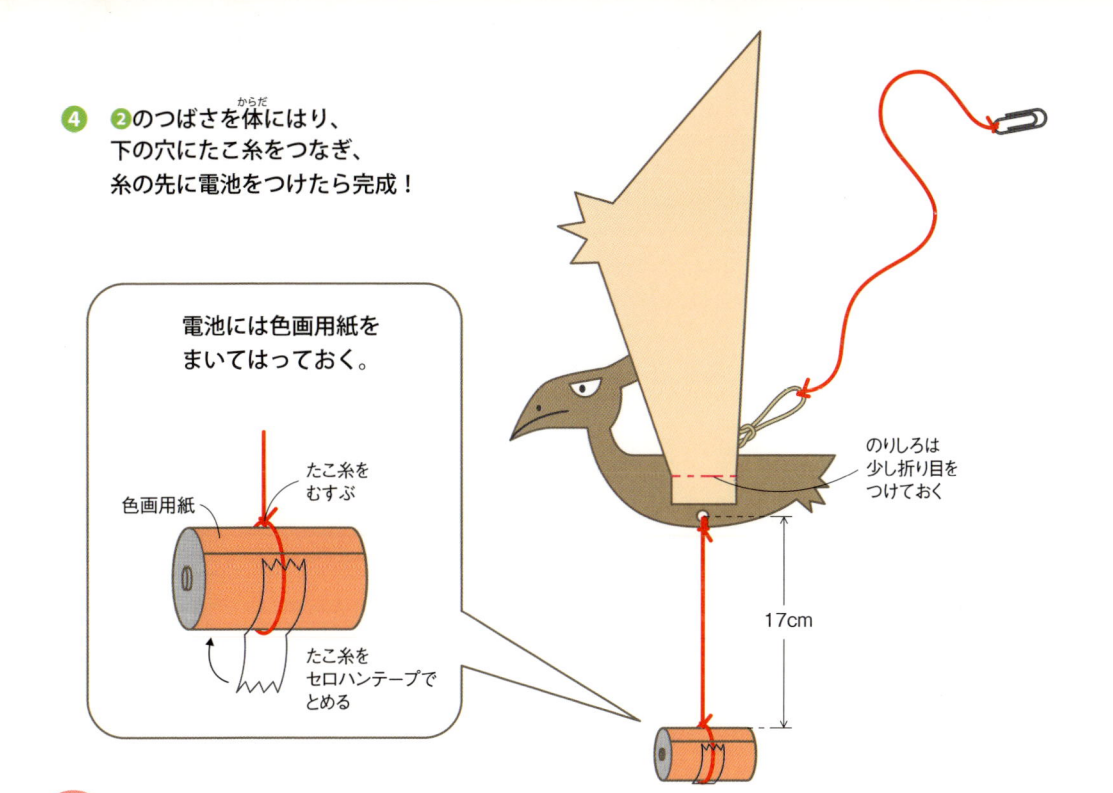

電池には色画用紙をまいてはっておく。

色画用紙
たこ糸をむすぶ
たこ糸をセロハンテープでとめる

のりしろは少し折り目をつけておく

17cm

あそびかた

❶ 上の糸を高いところに引っかける。

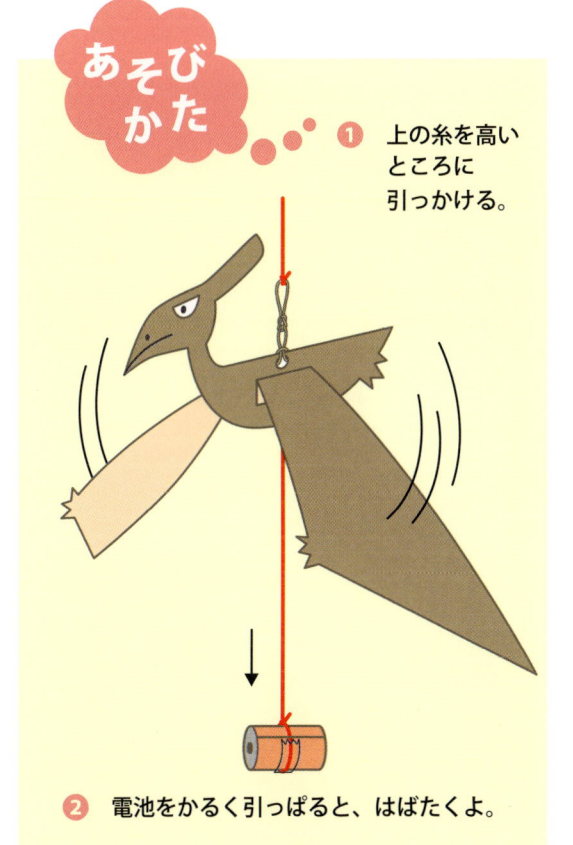

❷ 電池をかるく引っぱると、はばたくよ。

形をかえればカモメになるよ。

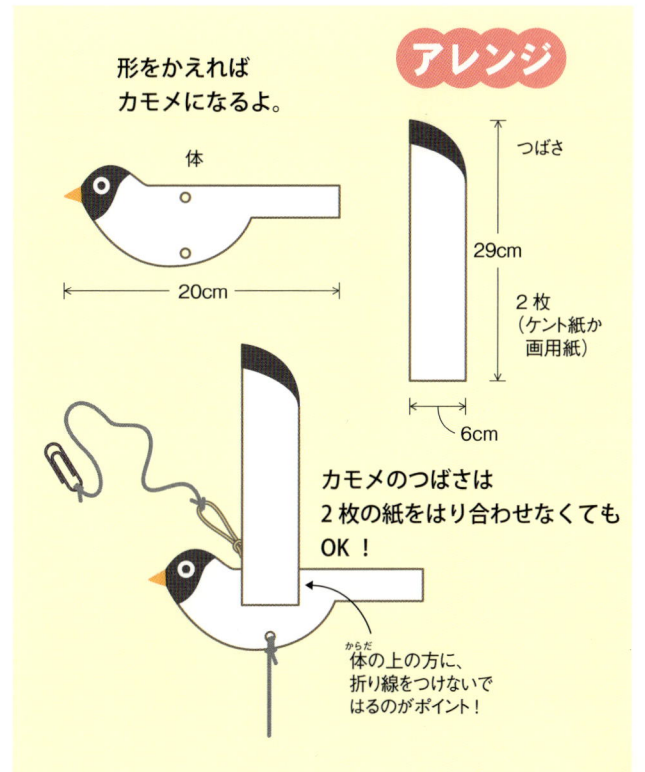

体
20cm

アレンジ

つばさ
29cm
2枚
（ケント紙か画用紙）
6cm

カモメのつばさは2枚の紙をはり合わせなくてもOK！

体の上の方に、折り線をつけないではるのがポイント！

やってみよう アレンジ 4 紙バネで モザイクボックス

牛乳パックと紙バネで
カラフルなもようの
小物入れが完成！
たのしい色の組み合わせ
を考えて作ろう。

材　料	色画用紙、ケント紙、牛乳パック2本
道　具	はさみ、カッターナイフ、木工用接着剤、ゴム系接着剤、定規、両面テープ

作り方

❶ 牛乳パック2本を図のように切り、箱とフタにする。それぞれ色画用紙をはる。

〈フタ〉 3cm

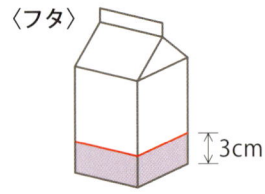

〈箱〉 6cm

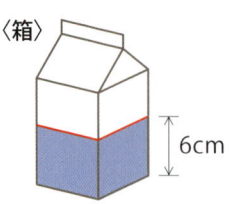

❷ 2色の色画用紙で紙バネの取っ手を作り、底にはる。

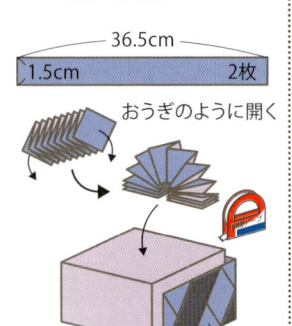

36.5cm
1.5cm　2枚

おうぎのように開く

モザイクをフタ上や側面にはる

※基本の紙バネの作り方は、10ページを見てね。

❷ ケント紙を切り、図のようにはる。

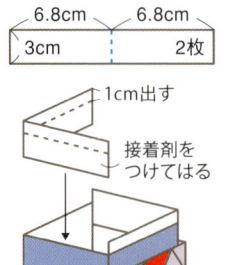

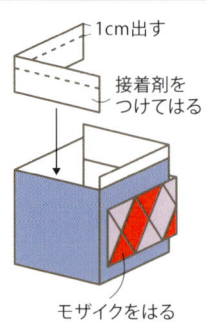

6.8cm　6.8cm
3cm　2枚

1cm出す
接着剤をつけてはる

モザイクをはる

モザイクの作り方

❶ 2色の色画用紙で紙バネを作る。

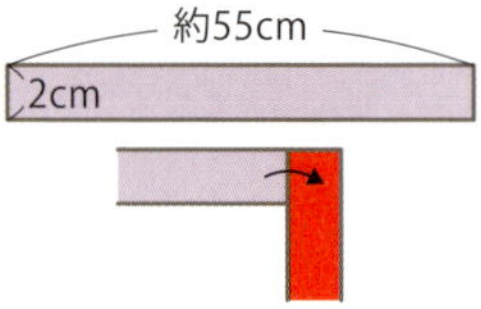

約55cm
2cm

※基本の紙バネの作り方は、10ページを見てね。

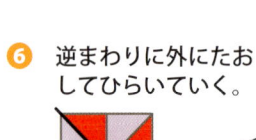

❷ 図のようにたたんでいく。

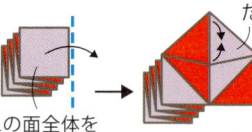

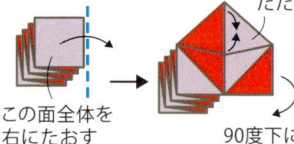

たたむ
この面全体を右にたおす
90度下に

❸ 90度下に向かって方向をかえ、となりの三角のふくろをたたむ。

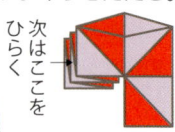

次はここをひらく

❹ うずまき状に四角を重ねていくように、続けて折っていく。

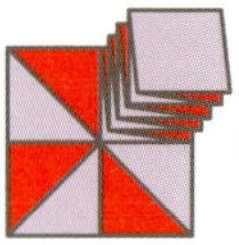

❺ 最後まで折ったら、一番上の対角線の辺を外側にたおす。

対角線の辺を外側にたおす

❻ 逆まわりに外にたおしてひらいていく。

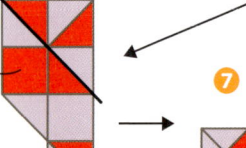

❼ こんなもようになったかな？

あそぶ

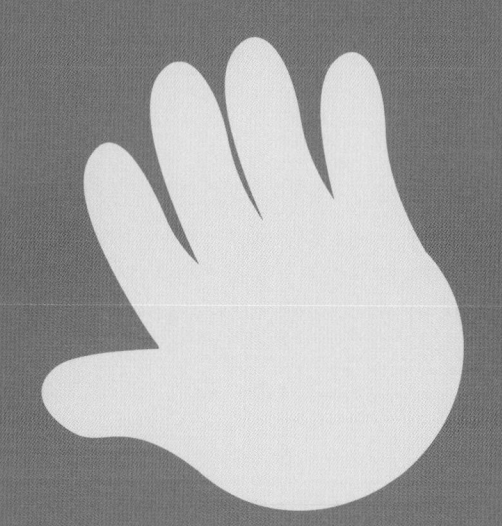

マジックサーベル／プレーリードッグ／コリントゲーム／シャクトリムシ／カタツムリ
アコーディオン／ウクレレ／トコトコロボット／輪ゴムの刀／でかでかはく手マシーン
マジックハンド／うちゅう飛行士／スピードロケット
・・・アレンジ／天使のスイングモビール

第5章 あそぶ

43 えいっとついてたのしんで
マジックサーベル

ぴょこっと引っこみ、
ぴょこっともどる。
あちらこちらついているうちに、
なんだかたのしくなっちゃうよ。

作り方 ▶ 130ページ

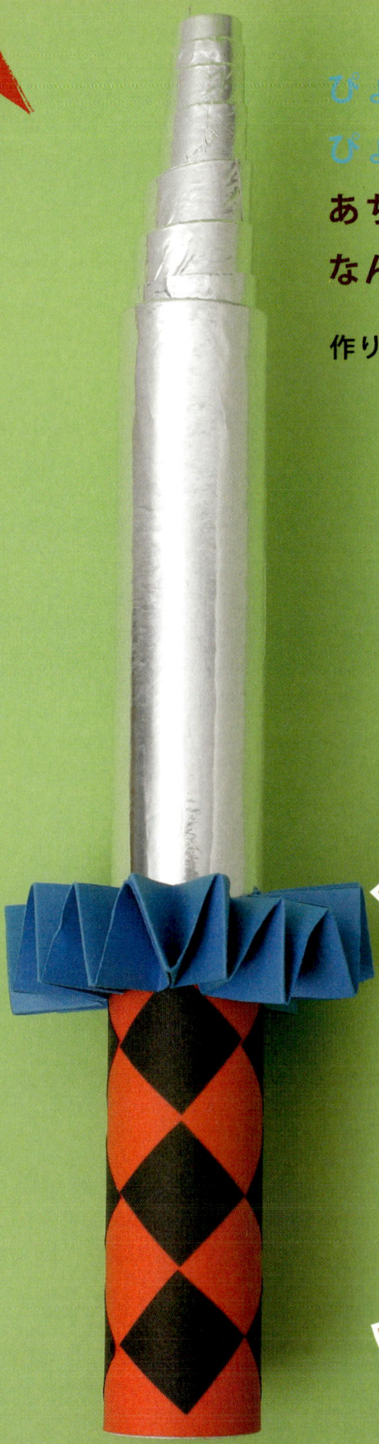

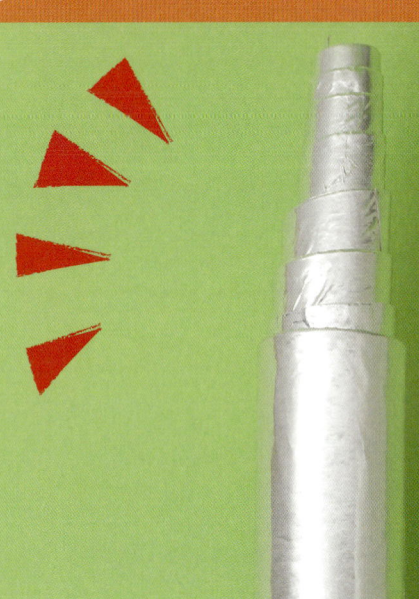

つくと

はなすと

それっ！
ぴょこっと引っこむ

おおっ！
ぴょこっともどる

PART 5 あそぶ
128

第5章 あそぶ

㊹ ピョンピョンはねる
プレーリードッグ

手で持って上下にふると、
プレーリードッグが
出たり、引っこんだりするよ。
ピョンピョンうごくすがたが
かわいいね。

作り方 ▶ 131ページ

ピョン

ピョン

ピョン

あっ！ 赤ちゃんが
いるよ！！

43 マジックサーベル

作り方　作品 ▶ 128ページ

材料
ケント紙、銀色の折り紙、ラップのしん、色画用紙

道具
はさみ、カッターナイフ、定規、えんぴつ、のり、ゴム系接着剤、さいばし

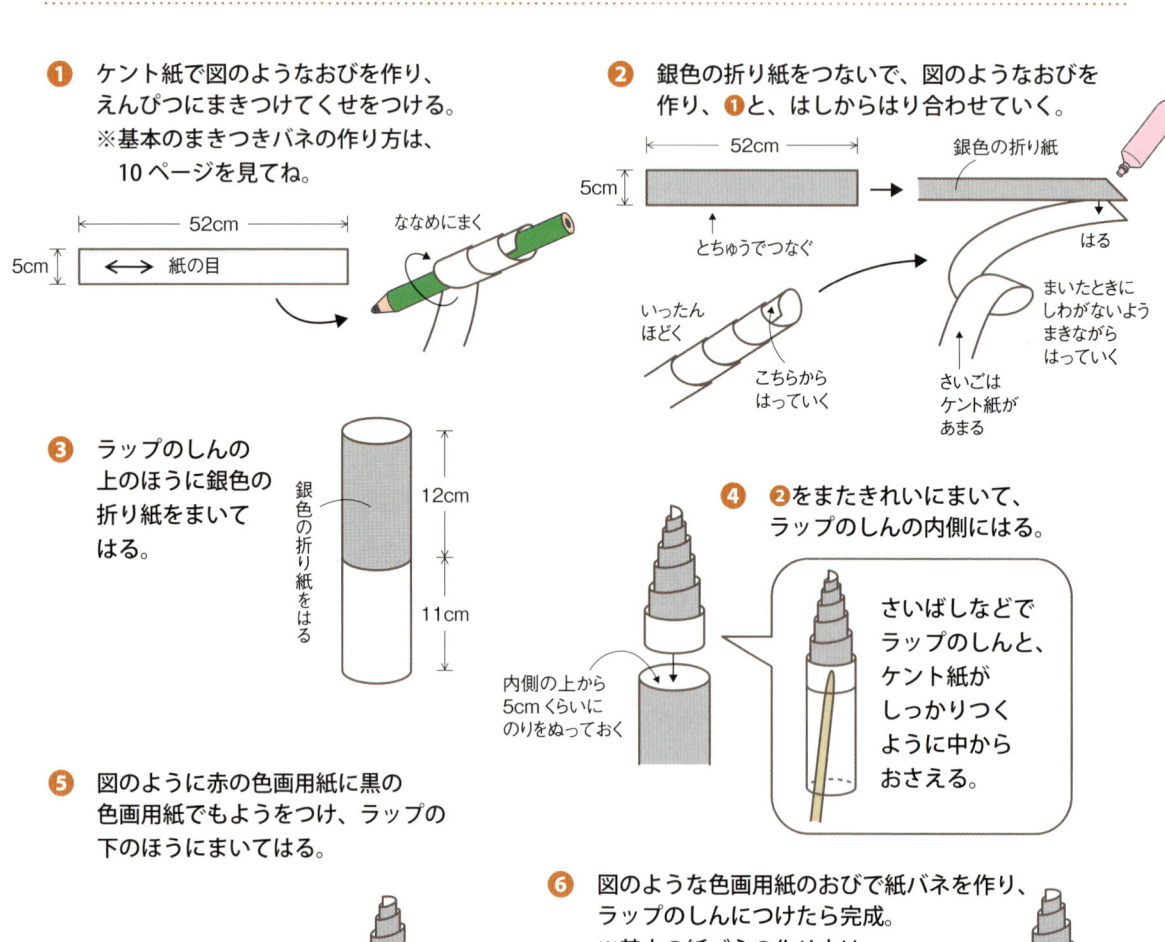

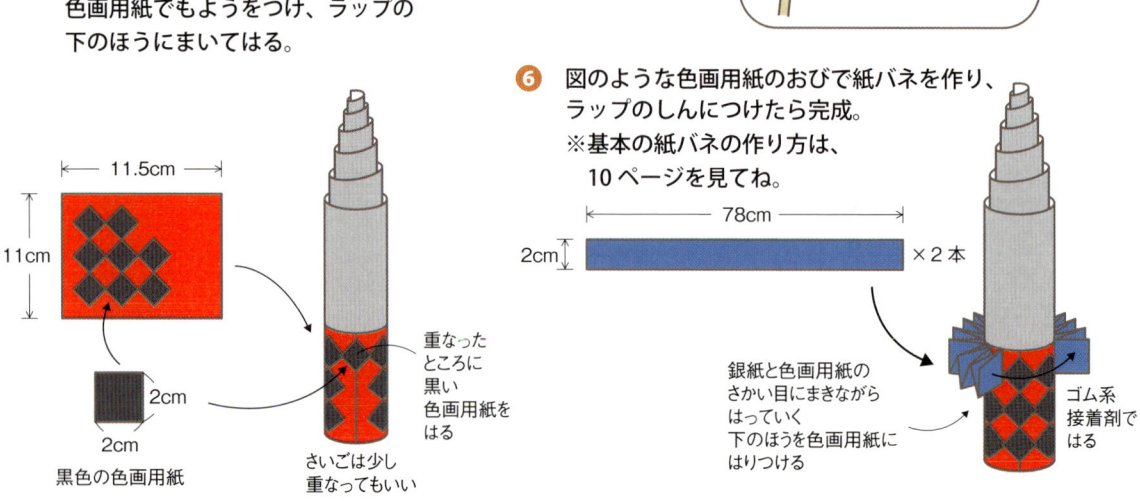

---

❶ ケント紙で図のようなおびを作り、えんぴつにまきつけてくせをつける。
※基本のまきつきバネの作り方は、10ページを見てね。

52cm／5cm／紙の目
ななめにまく

❷ 銀色の折り紙をつないで、図のようなおびを作り、❶と、はしからはり合わせていく。

52cm／5cm／とちゅうでつなぐ
銀色の折り紙
はる
いったんほどく
こちらからはっていく
まいたときにしわがないようまきながらはっていく
さいごはケント紙があまる

❸ ラップのしんの上のほうに銀色の折り紙をまいてはる。

銀色の折り紙をはる／12cm／11cm

❹ ❷をまたきれいにまいて、ラップのしんの内側にはる。

内側の上から5cmくらいにのりをぬっておく

さいばしなどでラップのしんと、ケント紙がしっかりつくように中からおさえる。

❺ 図のように赤の色画用紙に黒の色画用紙でもようをつけ、ラップの下のほうにまいてはる。

11.5cm／11cm
黒色の色画用紙／2cm／2cm

重なったところに黒い色画用紙をはる
さいごは少し重なってもいい

❻ 図のような色画用紙のおびで紙バネを作り、ラップのしんにつけたら完成。
※基本の紙バネの作り方は、10ページを見てね。

78cm／2cm／×2本

銀紙と色画用紙のさかい目にまきながらはっていく
下のほうを色画用紙にはりつける

ゴム系接着剤ではる

130

44 プレーリードッグ

作品 ▶ 129ページ
型紙 ▶ 171ページ

材料
色画用紙、ポテトチップスなどの容器、厚紙、輪ゴム（5本）、電池（単3電池・おもり用）

道具
はさみ、カッターナイフ、定規、木工用接着剤、油性ペン、セロハンテープ、アクリル絵の具、筆

❶ ポテトチップスなどの紙づつ容器に色画用紙をはる。フタにも同じ紙を丸く切ってはる。つつのふちに輪ゴムをかけるための切りこみをつける（反対側にもつける）。

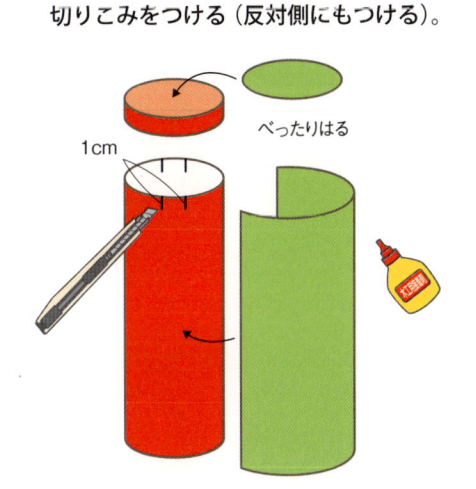

べったりはる
1cm

❷ フタに5.2cm×2mmのみぞを切る。

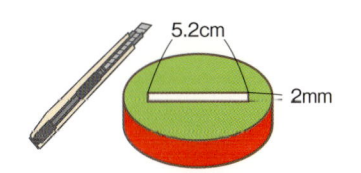

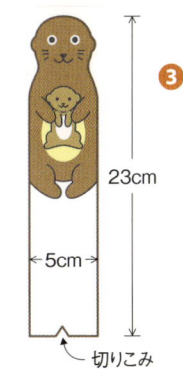

5.2cm
2mm

❸ 厚紙にプレーリードッグをかいて色をぬり、切りぬく。下の真ん中に輪ゴムを通すための切りこみをつける。

23cm
5cm
切りこみ

❹ 電池（単3電池）を❸の厚紙の真下にセロハンテープでとめる。切りこみに輪ゴムを1本通す。通した輪ゴムの両はしにそれぞれ2本ずつ、輪ゴムをむすぶ。

❺ ふちの切りこみに❹の輪ゴムを両はしにかけ、プレーリードッグをつつの中に入れ、みぞから頭を出し、フタをしめる。

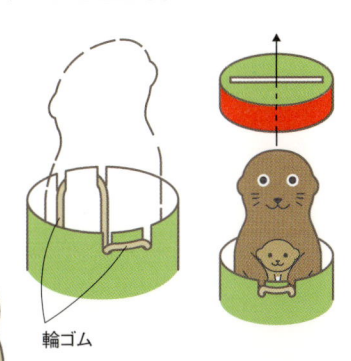

輪ゴム

❻ 色画用紙で草を作って、つつにはったら完成。

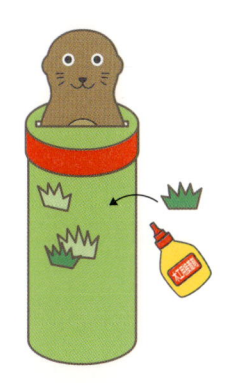

手で持って上下にふるとプレーリードッグが出たり引っこんだりするよ

第5章 あそぶ

45 バネでボールをとばそう！
コリントゲーム

紙バネをぎゅうっと
ちぢめて、ボールをはっしゃ！
ねらい通りにボールが
転がるかな？

作り方 ▶ 134〜135ページ

PART 5 あそぶ

よーし、
あのポケットを
ねらうぞ！

ぎゅうっと
ちぢめて
はっしゃじゅんび！

入った！
やったあ！！

ポケットそれぞれの
点数をきめて、
合計で何点入るか
競争しても
いいね。

ADVICE

133

作り方	**45 コリントゲーム**
作品 ▶ 132〜133ページ	

材　料
ダンボール、うすいダンボール、厚紙、色画用紙、
ケント紙、細いストロー、つまようじ数本、
ペットボトルのキャップ、直径2cmのスーパーボール

道　具
はさみ、カッターナイフ、定規、木工用接着剤、
水性ペンキ、はけ、ゴム系接着剤

❶ ダンボールを図のように切って、台の部品を作る。

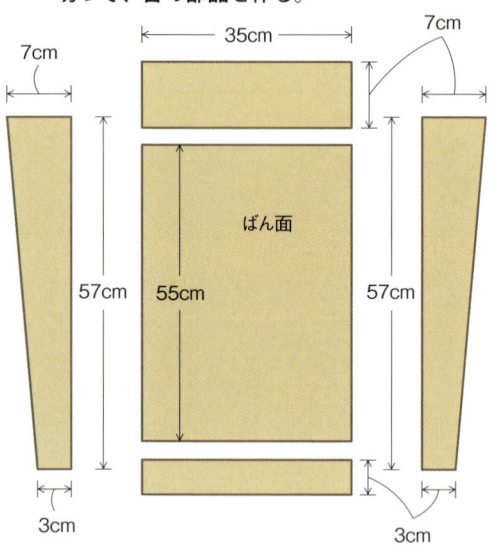

7cm　35cm　7cm
57cm　ばん面　55cm　57cm
3cm　3cm

❷ ❶の部品をはり合わせて台を作る。

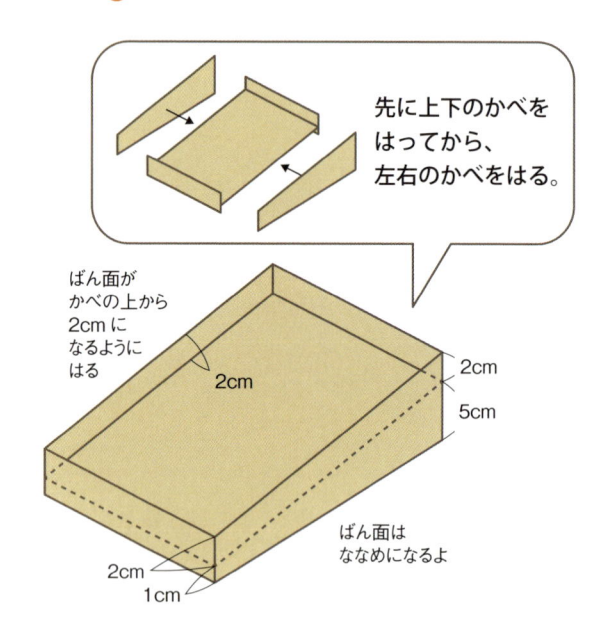

先に上下のかべをはってから、左右のかべをはる。

ばん面がかべの上から2cmになるようにはる
2cm
2cm
5cm
2cm
1cm
ばん面はななめになるよ

❸ 台に水性ペンキで色をぬり、
かわいたらばん面に色画用紙をはりこむ。
色画用紙をばん面と同じ大きさに切ってはる。

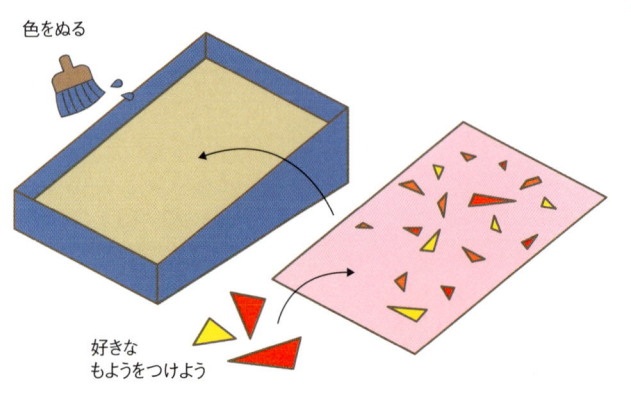

色をぬる
好きなもようをつけよう

❹ ガイド、仕切り、うけ板の部品を作る。

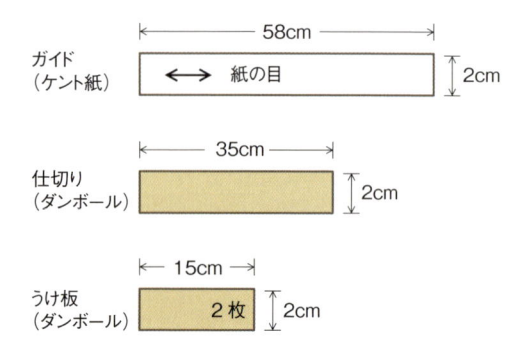

ガイド（ケント紙）	← 58cm → 紙の目	2cm
仕切り（ダンボール）	← 35cm →	2cm
うけ板（ダンボール）	← 15cm → 2枚	2cm

❺ ❹の部品に水性ペンキで色をぬり、かわいたら、それぞれボンドでばん面にはりこむ。

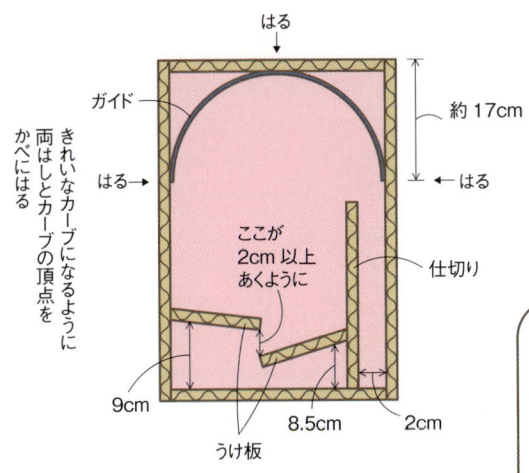

はる
ガイド
はる
約17cm
はる
ここが2cm以上あくように
仕切り
きれいなカーブになるように両はしとカーブの頂点をかべにはる
9cm
8.5cm
2cm
うけ板

POINT
うけ板のあいだなど、各パーツをばん面につけるときは、2cm以上それぞれのあいだをあけよう。そうしないとボールが引っかかってうまく通らないよ。

❻ ほかのパーツを作り、ばん面にはりこんだら完成。直径2cmのスーパーボールを使ってあそぼう！

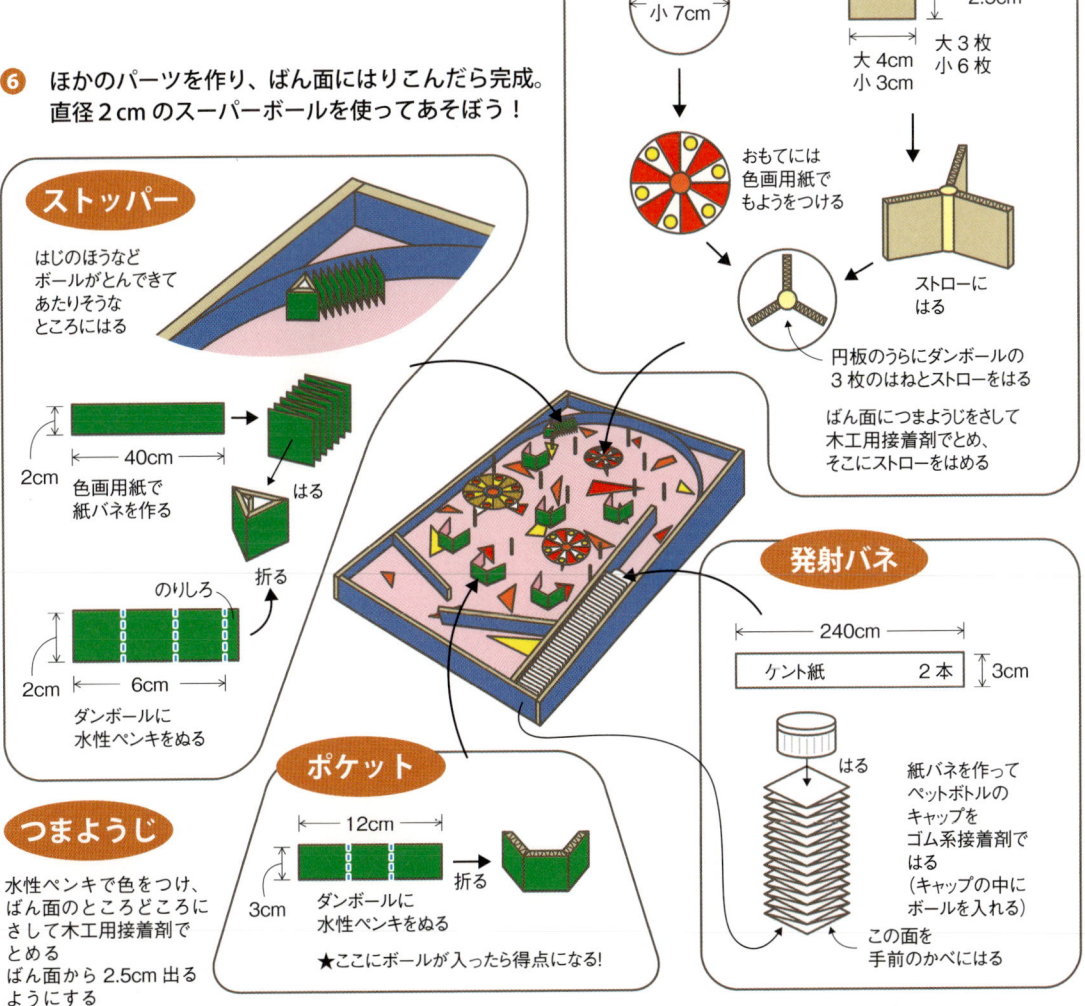

ストッパー
はじのほうなどボールがとんできてあたりそうなところにはる

2cm / 40cm
色画用紙で紙バネを作る
はる

のりしろ
2cm / 6cm
ダンボールに水性ペンキをぬる
折る

つまようじ
水性ペンキで色をつけ、ばん面のところどころにさして木工用接着剤でとめる
ばん面から2.5cm出るようにする

ポケット
12cm
3cm
ダンボールに水性ペンキをぬる
折る
★ここにボールが入ったら得点になる！

はね車 大1こ、小2こ作る。

厚紙
大9cm / 小7cm

うすいダンボール
2.5cm
大4cm / 小3cm
大3枚 / 小6枚

おもてには色画用紙でもようをつける
ストローにはる

円板のうらにダンボールの3枚のはねとストローをはる
ばん面につまようじをさして木工用接着剤でとめ、そこにストローをはめる

発射バネ
240cm
ケント紙 2本
3cm

紙バネを作ってペットボトルのキャップをゴム系接着剤ではる
（キャップの中にボールを入れる）
この面を手前のかべにはる

135

第5章 あそぶ

㊻ 進むすがたが愛らしい
シャクトリムシ

台を手でおさえたら、クリップで何度も**引っぱって進ませよう**。かわいいすがたににっこりしちゃうね。

作り方 ▶ 138ページ

びゅん
びゅん

ADVICE

クリップを引っぱるときは力を入れて引っぱってね。

第5章 あそぶ

47 とことこあるく
カタツムリ

せなかをつつくと、とことことこ。
のーんびり
ユーモラスなうごきにハマっちゃうよ。

作り方 ▶ 139ページ

とこ♪ とこ♪ とこ♪

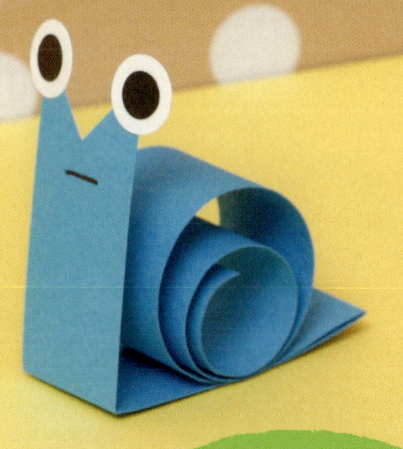

どちらがはやいか
競争だ！

負けないぞ！

とこ♪ とこ♪ とこ♪

137

作り方	**46 シャクトリムシ**

作品 ▶ 136 ページ

型紙 ▶ 172 ページ

材　料
厚紙、画用紙、折り紙（かざり用）、輪ゴム2本、たこ糸、電池（単1電池）、色画用紙、クリップ

道　具
はさみ、カッターナイフ、定規、コンパス、セロハンテープ、木工用接着剤、水性ペンキ、はけ、油性ペン、両面テープ

❶ 厚紙でシャクトリムシの各部分を作り、水性ペンキで色をぬる。Ⓓに切りこみを2本入れておく。

❷ ペンキがかわいたら、各部分をセロハンテープでつなぐ。よくうごくように1mmほどすき間をあけて、おもてとうらにセロハンテープをはる。

❸ 画用紙で作った目玉と、かざり用の折り紙をはる。

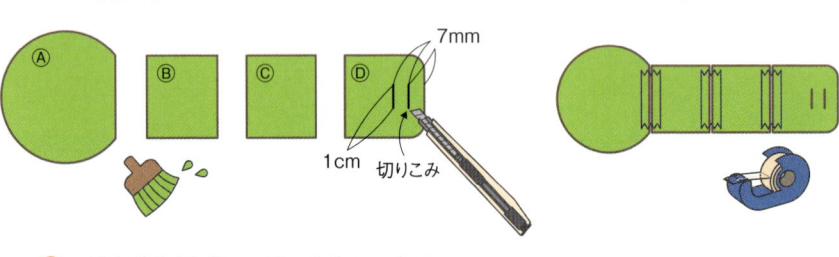

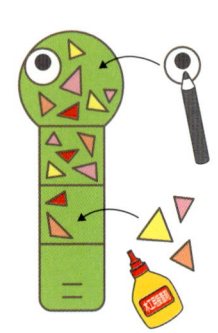

❹ ⒶとⒷを輪ゴムで図のようにつなぐ。ⒶとⒷがV字型になるようにセロハンテープでとめる。

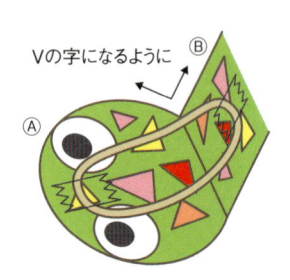

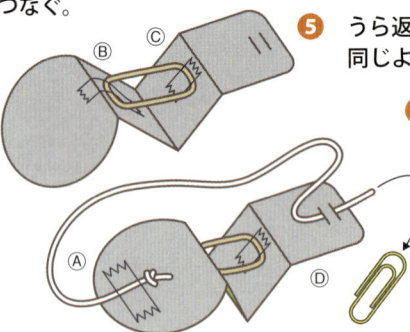

❺ うら返してⒷとⒸも同じように輪ゴムでとめる。

❻ たこ糸のはしにむすび目を作り、図のように頭（Ⓐ）のうらにセロハンテープでとめる。もういっぽうのはしをⒹの切りこみに通し、クリップにむすびつけたらシャクトリムシの完成。

❼ 電池（単1電池）に色画用紙をまいてはる。のりしろを谷折りにして、丸く切った厚紙にしっかりはる。もようをかいたら台の完成。

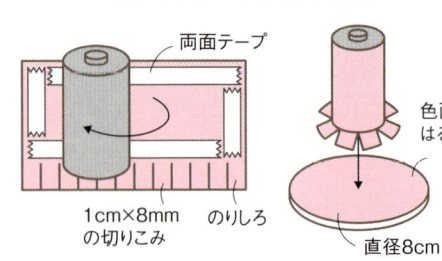

あそびかた

たこ糸を台にかけ、シャクトリムシをクリップのほうへよせておく。台を手でおさえてクリップを何回も引くと進んでいくよ。

POINT
かべのフックなどにかけて、シャクトリムシを下から上にのぼらせてもたのしいよ。

材　料
色画用紙

道　具
はさみ、カッターナイフ、水性ペン、両面テープ、のり、定規

作り方 ㊼ カタツムリ
作品 ▶ 137ページ

① 色画用紙で図のようなおびを作り、折り線をおる。図の位置に両面テープをつけておく。

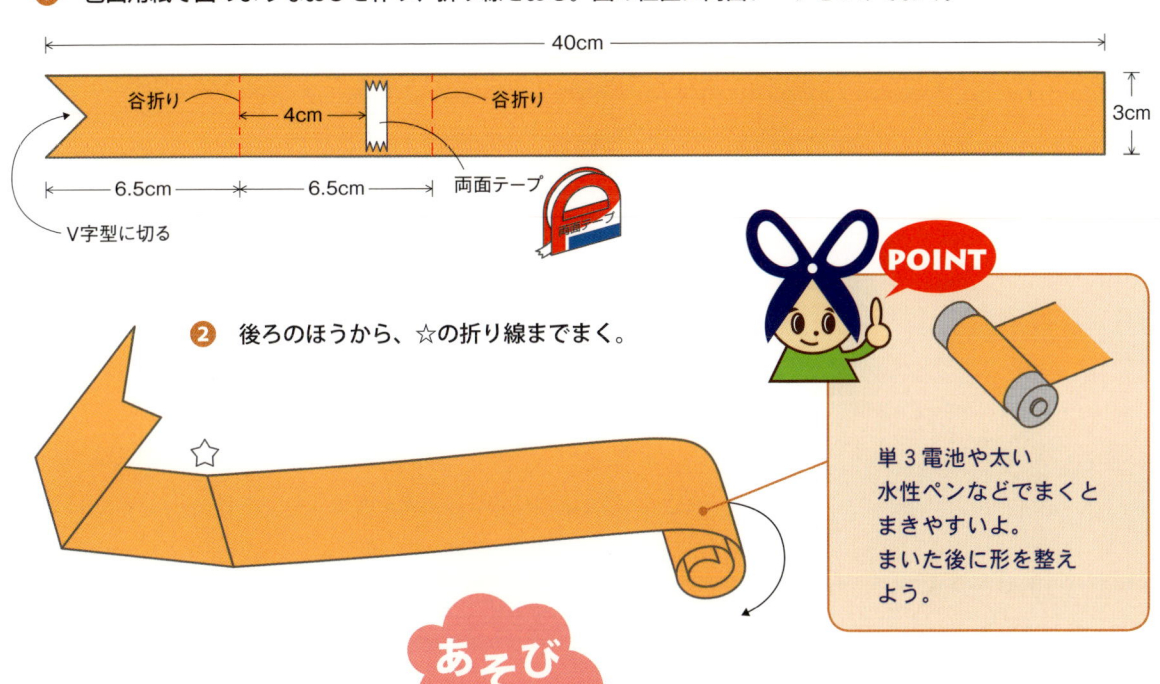

40cm／3cm／谷折り／4cm／谷折り／6.5cm／6.5cm／両面テープ／V字型に切る

② 後ろのほうから、☆の折り線までまく。

POINT 単3電池や太い水性ペンなどでまくとまきやすいよ。まいた後に形を整えよう。

③ 図のようにまきおわりを両面テープではる。目玉を作ってはり、口をかく。

あそびかた
平らなところにおいて上を軽くつつくと前へ進むよ。
2こ作って、お友だちと競争してみよう。

POINT あそばないときは部屋にかざろう。メモスタンドにするとべんりだね。

第 5 章 あそぶ

48 すてきな曲がきこえてきそう
アコーディオン

せなかの
つまみを
うごかして、
ピエロが手に持っている
アコーディオンをひこう。
音楽に合わせて
うごかすと、たのしいよ！

作り方 ▶ 142ページ

うまく演そうできるかな？

たのしいな！

とじて

ひらいて

PART 5 あそぶ
140

49 ようきにならそう
ウクレレ

第5章 あそぶ

黒いぼうのいちを
かえると、音がかわるよ。
いろいろためそう！

ジャララン、ポロロン
ジャンジャカジャン♪
輪ゴムのげんをはじいたら、どんな音が出るのかな？

作り方 ▶ 143ページ

作り方	㊽ アコーディオン
	作品 ▶ 140 ページ

型紙 ▶ 173 ページ

材　料
画用紙、色画用紙

道　具
はさみ、カッターナイフ、定規、のり、絵の具、筆

---

❶ 型紙に合わせて画用紙を切って人形の部分を作る。

絵の具で顔や服のもようをかく

❷ 色画用紙を図のように切り、紙バネを作る。
※基本の紙バネの作り方は、10ページを見てね。

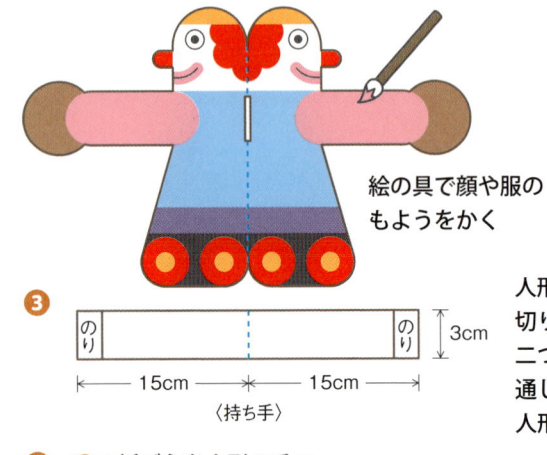

2本　3cm
70cm

❸ 〈持ち手〉
のり　15cm　15cm　のり　3cm

人形のせなかの切りこみに二つ折りにした持ち手を通し、先ののりしろを人形の手にはる。

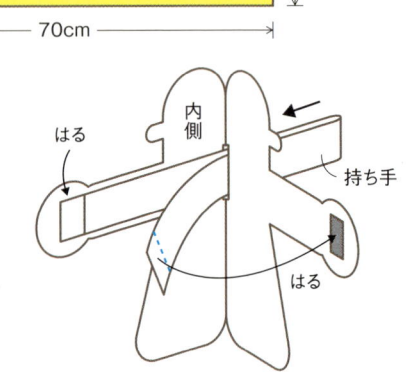

内側　持ち手　はる　はる

❹ ❷の紙バネを人形の手の内側にはる。

はる

あそびかた
持ち手を押したり、引いたりして、アコーディオンをひこう。

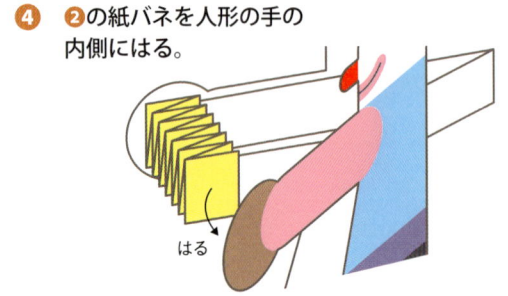

❺ 持ち手の通っている部分をのぞいて、人形の体をはり合わせたら完成！

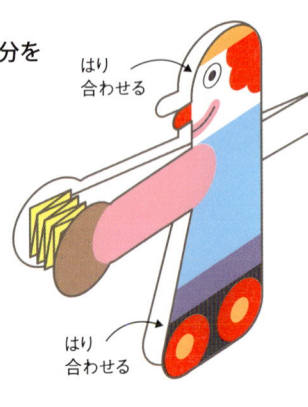

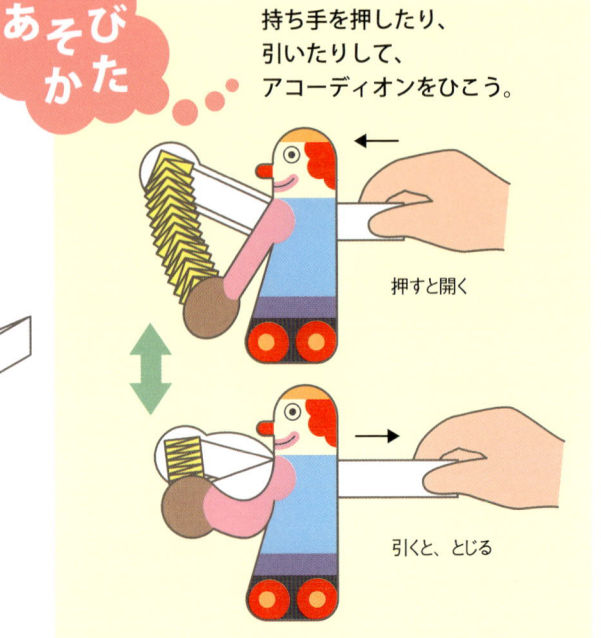

はり合わせる
はり合わせる

押すと開く
引くと、とじる

POINT
持ち手にのりがつかないように注意してね。

142

材料
牛乳パック（1000ml・2本）、輪ゴム（4本）、シール（かざり用）

道具
はさみ、カッターナイフ、千枚通し、コンパス、定規、ゴム系接着剤、油性ペン（黒）、水性ペンキ、はけ

作り方 ㊾ ウクレレ
作品 ▶ 141ページ
型紙 ▶ 173ページ

❶ 1本の牛乳パックに図のように切りこみを入れ、穴をあける。

切りこみ4つ
牛乳パックの口はゴム系接着剤でしっかりはっておく
円の中心まで7cm
半径2.5cmの穴をあける

❷ Aの部品（型紙を拡大）と、B、Cの部品をもう1本の牛乳パックから切り取る。

4cm
A 2枚
のりしろ

8cm
のり
B
4cm
1cm / 1cm / 1cm / 1cm

7cm
C
8mm

❸ 部品Bを図のように三角に折ってはり、黒くぬる。Cも黒くぬる。

はる
油性ペン
B
C

❹ 部品Aを向かい合わせるように牛乳パックにはり、水性ペンキで色をぬる。

❺ ペンキがかわいたら、Cを図の位置にはり、切りこみに輪ゴムをかけて、Bを輪ゴムの下にななめにはさむ。かざりのシールをはったら完成。

Bは輪ゴムの下にななめにはさむ
切りこみに1本ずつ輪ゴムをかける
シールをはる
Cは牛乳パックの下のほうにはる

第5章 あそぶ

50 糸を引いてさあ、発進！
トコトコロボット

頭の糸を引っぱってエネルギーをためたら、
スタートのじゅんびはもうオッケー！
ロボットの発進だ。

作り方 ▶ 146〜147ページ

トコトコ

ADVICE
エネルギーを
まんたんにするために
糸をなるべく
たくさん引っぱろう。

紙コップやくだものの
入れ物などで作っても
かわいいよ！

スタート！

トコトコ

友だちのロボットと
どちらが遠くまで、
はやく進むか
競争してもたのしいね。

作り方 50 トコトコロボット
作品 ▶ 144〜145ページ

材料
牛乳パック、紙コップ、おもちゃのカプセル、たこ糸、電池（単3電池・おもり用）、輪ゴム、クリップ、色紙、かざりにつかうもの（プラモデルのわく、缶のプルトップなど）、シール（しるし用など）

道具
はさみ、カッターナイフ、定規、ゴム系接着剤、セロハンテープ、千枚通し、水性ペンキ、はけ、カラースプレー（銀）

❶ 牛乳パックを下の図のように切って色をぬる。

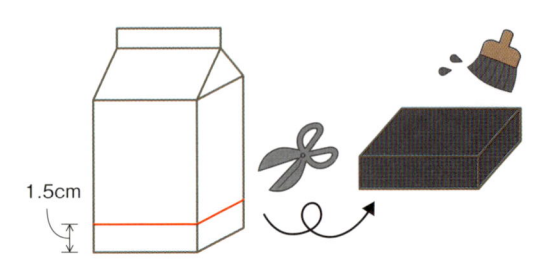

1.5cm

❷ 中心に穴をあけ、向かい合う2つの面に切りこみを入れる。

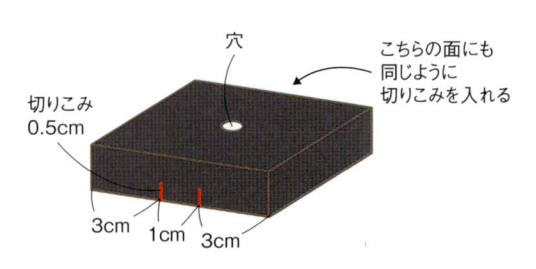

穴
切りこみ 0.5cm
3cm　1cm　3cm
こちらの面にも同じように切りこみを入れる

★しっかりはかって！

❸ 色紙をまいた単3電池に輪ゴムとたこ糸をつける。たこ糸は電池にまきつける。

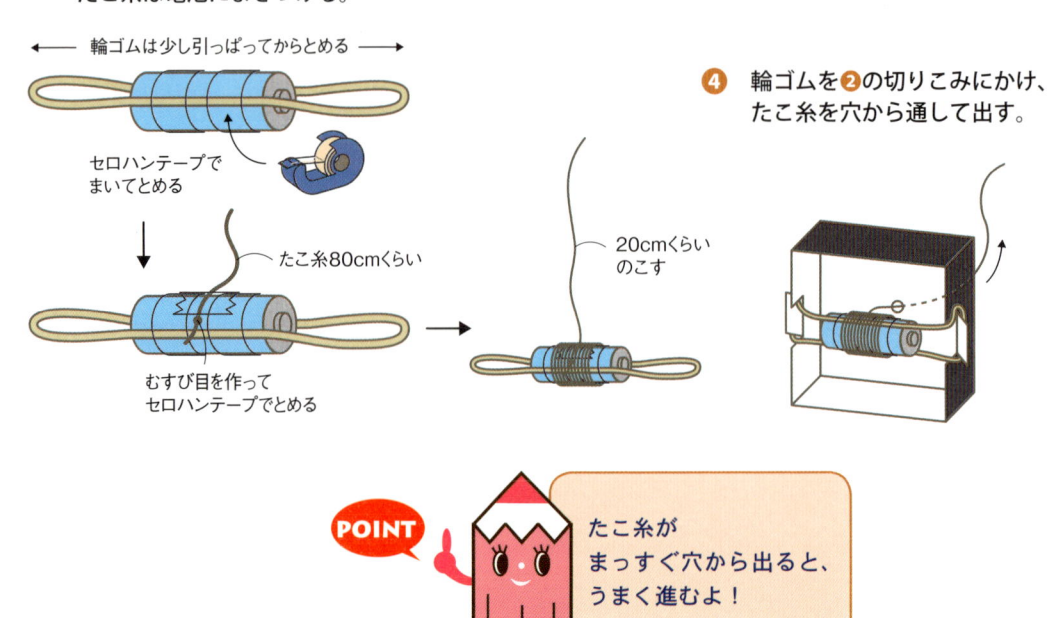

← 輪ゴムは少し引っぱってからとめる →
セロハンテープでまいてとめる
たこ糸80cmくらい
むすび目を作ってセロハンテープでとめる

20cmくらいのこす

❹ 輪ゴムを❷の切りこみにかけ、たこ糸を穴から通して出す。

POINT たこ糸がまっすぐ穴から出ると、うまく進むよ！

146

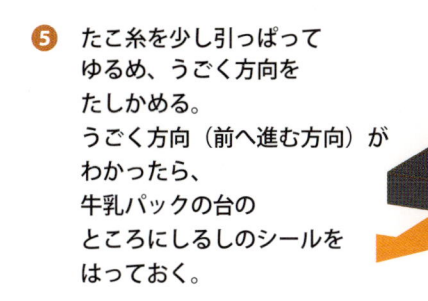

❺ たこ糸を少し引っぱって
ゆるめ、うごく方向を
たしかめる。
うごく方向（前へ進む方向）が
わかったら、
牛乳パックの台の
ところにしるしのシールを
はっておく。

前

❻ おもちゃのカプセルに顔を作る。
紙コップにいろいろな部品を接着し、
カラースプレーで色をつける。

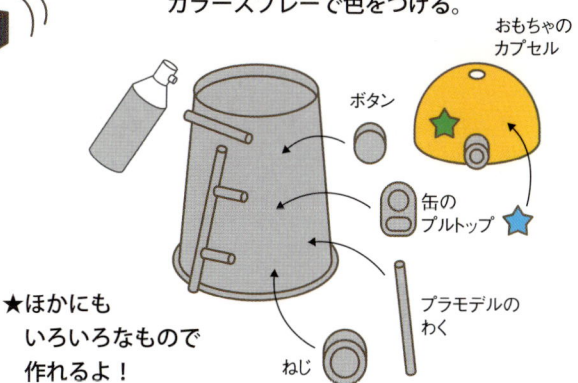

おもちゃの
カプセル

ボタン

缶の
プルトップ

プラモデルの
わく

ねじ

★ほかにも
いろいろなもので
作れるよ！

❼ 紙コップに穴をあけ、
❺のたこ糸を通す。

中心に
穴をあける

顔がくる向き

とめる

ゴム系接着剤

たこ糸の先に
クリップをつける

とめる

ゴム系接着剤

しるしのシールをはがす

❽ おもちゃのカプセルと
紙コップと台を
それぞれゴム系接着剤で
とめたら、完成。

あそびかた

まっすぐ上に

たこ糸を真っすぐ上に引っぱって、
手を下げて糸をゆるめると、
ロボットがトコトコうごき出すよ。

材料をくふうして、
いろいろなロボットを作ろう！

147

第5章 あそぶ

51 さしたら引っこむ!?
輪ゴムの刀

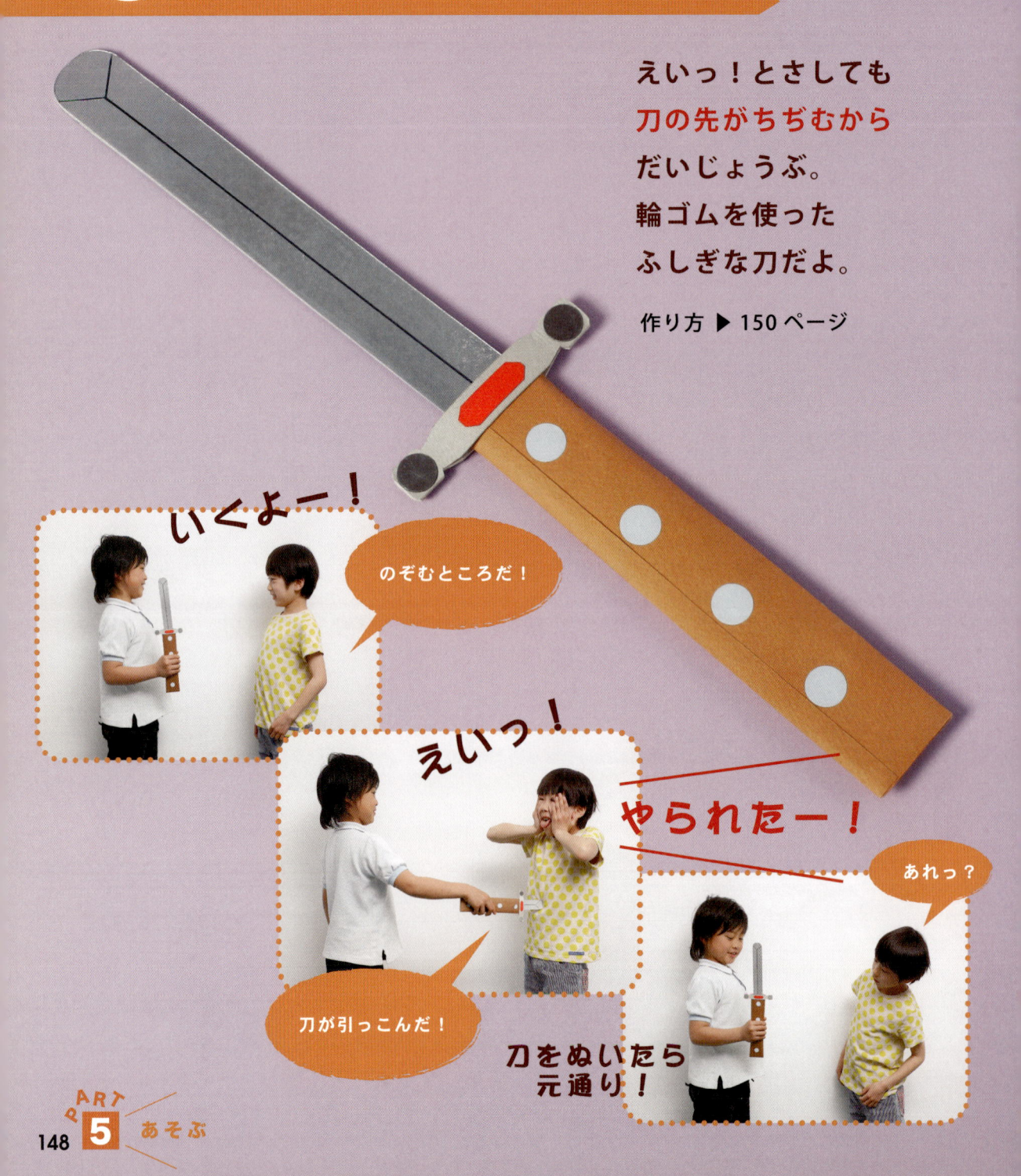

えいっ！とさしても**刀の先がちぢむから**だいじょうぶ。輪ゴムを使ったふしぎな刀だよ。

作り方 ▶ 150ページ

いくよー！
のぞむところだ！

えいっ！
やられたー！
刀が引っこんだ！

あれっ？
刀をぬいたら元通り！

PART 5 あそぶ
148

52 パチパチ音がなる
でかでかはく手マシーン

第5章 あそぶ

ふると大きなはく手の音がパチパチパチ♪
運動会のおうえんに持っていきたいね。

作り方 ▶ 151ページ

いっぱいおうえんするぞ！

パチパチパチ

149

作り方 (51) 輪ゴムの刀

作品 ▶ 148 ページ

材料

厚紙（厚めのもの）、マーメイド紙、輪ゴム、色紙・丸シール（かざり用）

道具

はさみ、カッターナイフ、千枚通し、のり、定規、銀のカラースプレー（またはアクリル絵の具）、油性ペン

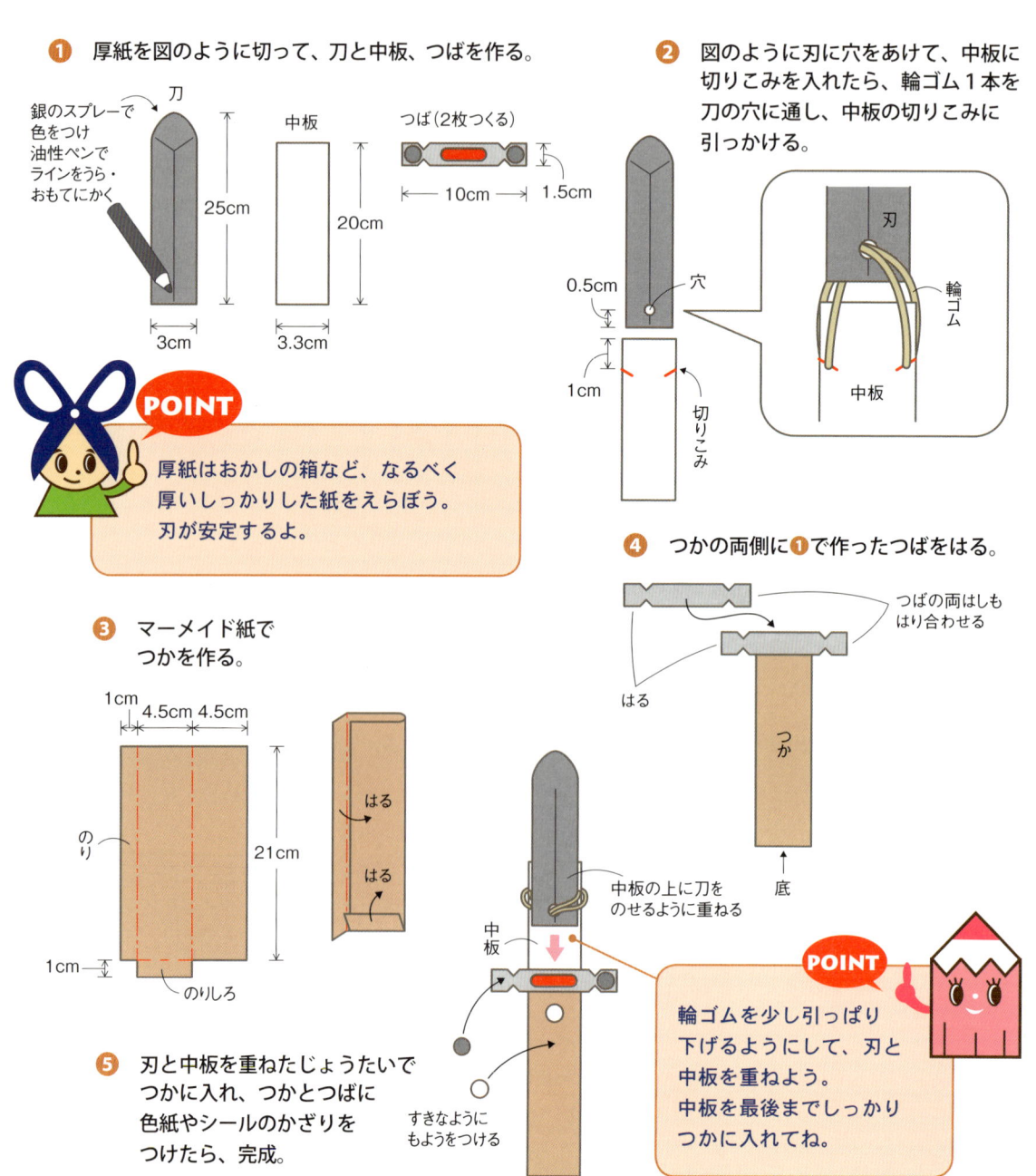

❶ 厚紙を図のように切って、刀と中板、つばを作る。

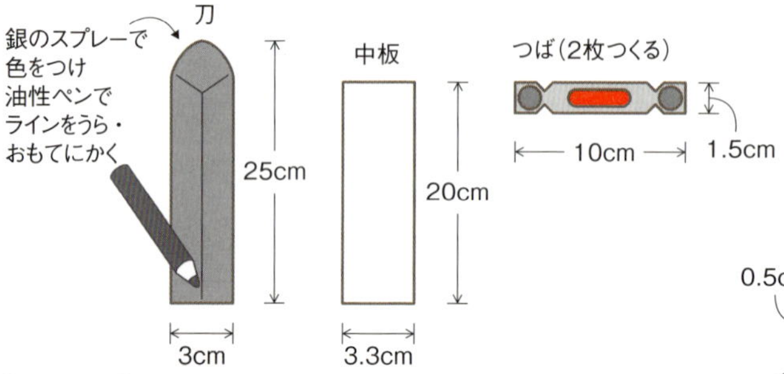

刀
銀のスプレーで色をつけ油性ペンでラインをうら・おもてにかく
25cm
3cm
中板
20cm
3.3cm
つば（2枚つくる）
10cm
1.5cm

POINT
厚紙はおかしの箱など、なるべく厚いしっかりした紙をえらぼう。刃が安定するよ。

❷ 図のように刃に穴をあけて、中板に切りこみを入れたら、輪ゴム１本を刃の穴に通し、中板の切りこみに引っかける。

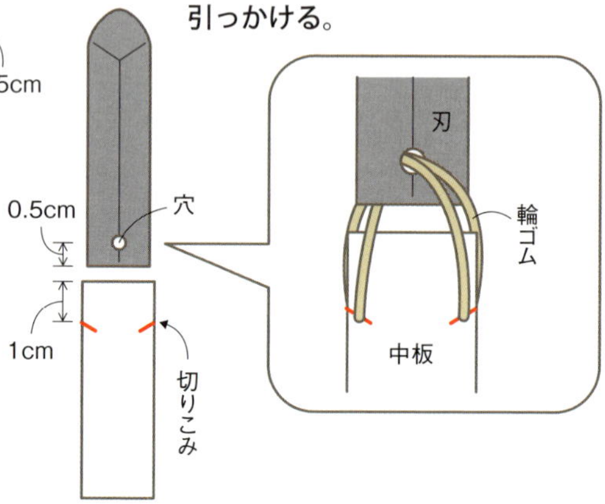

0.5cm
穴
1cm
切りこみ
刃
輪ゴム
中板

❸ マーメイド紙でつかを作る。

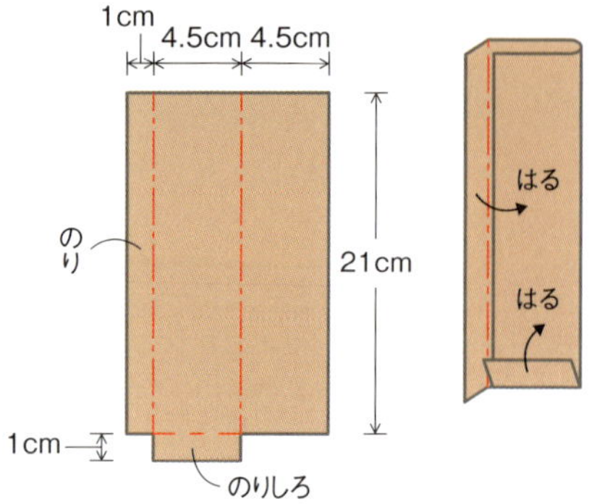

1cm
4.5cm
4.5cm
21cm
のり
1cm
のりしろ
はる
はる

❹ つかの両側に❶で作ったつばをはる。

❺ 刃と中板を重ねたじょうたいでつかに入れ、つかとつばに色紙やシールのかざりをつけたら、完成。

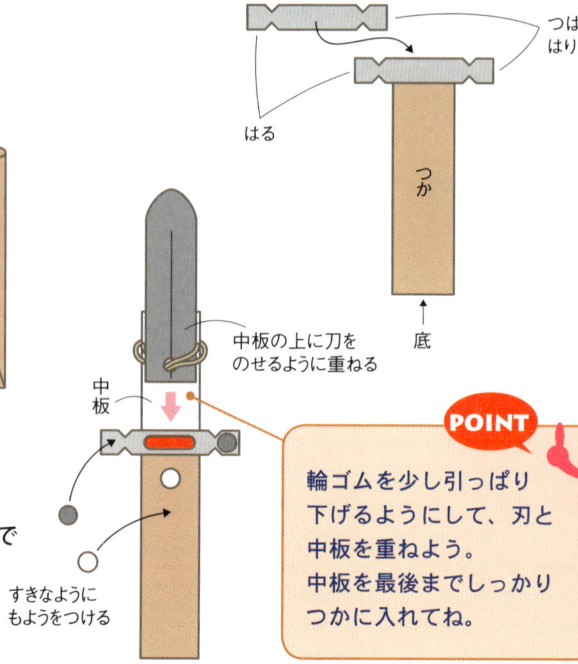

つばの両はしもはり合わせる
はる
つか
底
中板の上に刀をのせるように重ねる
中板
すきなようにもようをつける

POINT
輪ゴムを少し引っぱり下げるようにして、刃と中板を重ねよう。
中板を最後までしっかりつかに入れてね。

材　料
マーメイド紙、ダンボール、色画用紙
道　具
はさみ、カッターナイフ、定規、木工用接着剤

作り方 52 でかでかはく手マシーン

作品 ▶ 149 ページ

型紙 ▶ 174 ページ

❶ マーメイド紙で型紙を使って手型を切りぬく。

❷ 持ち手をつけた手型を、マーメイド紙2枚、ダンボール1枚で3つ作る。

❸ ❷で作った3枚の手型を、順番にはり合わせる。

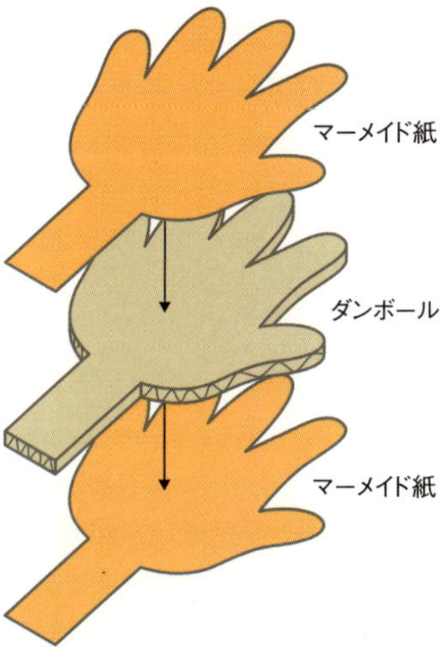

マーメイド紙
ダンボール
マーメイド紙

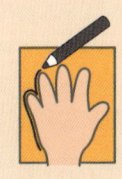

POINT
紙の上に手をおいて、えんぴつでなぞればかんたんに手型をかけるよ。 
かくときは、切りやすいように、指を太めにしたり、調節しておくといいよ。

❹ マーメイド紙2色で紙バネを作る。
※基本の紙バネの折り方は、10ページを見てね。

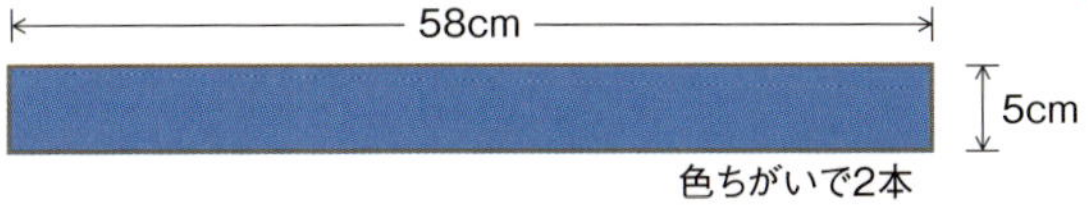

58cm
5cm
色ちがいで2本

❺ 紙バネを❸にはり、その上に❶の手型をはる。持ち手に色画用紙でかざりをはる。

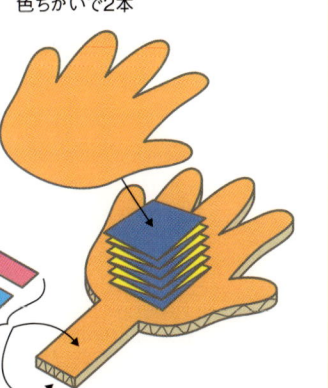

あそびかた

ふると手がゆれてはく手のような音がするよ。
もっと大きなサイズで作ると、どんな音がするかな？

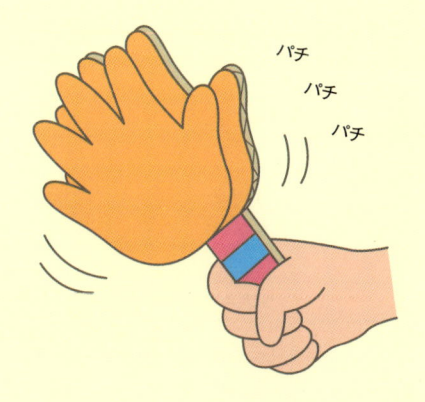

パチ
パチ
パチ

第5章 あそぶ

53 じょうずに取れる？
マジックハンド

マジックハンドの持ち手を持って、
ひらいたり、とじたり……。
ねらいをつけたバネ人形の
頭をつかんでみて。
さて、うまく取れるかな？

作り方 ▶ 154〜155ページ

落とさないように
がんばるぞ！

持ち上げると、
足が出てくるよ

持ち手をとじると、
先がひらいて、
持ち手をひらくと、先がとじるよ。
まちがえないように練習してみよう。

ADVICE

作り方	**53** マジックハンド
	作品 ▶ 152〜153 ページ

材 料
牛乳パック（1000ml）、わりばし（約20cm）4本、輪ゴム、紙コップ（小…高さ6cm、中…高さ8cmの2種類）、色画用紙、画用紙、ワインのコルク、マスキングテープ（かざり用）、たこ糸

道 具
はさみ、カッターナイフ、定規、ゴム系接着剤、水性ペン、カラースプレー（または水性ペンキ）、工作用のこぎり

❶ 牛乳パックを図の大きさに切る。

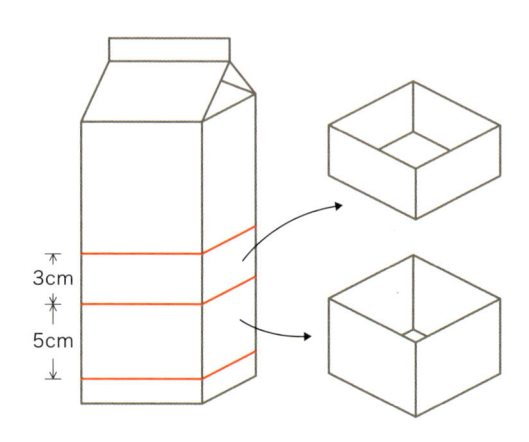

❷ 3cmに切ったほうを半分に切ったら、図のように折って、同じものを2つ作る。

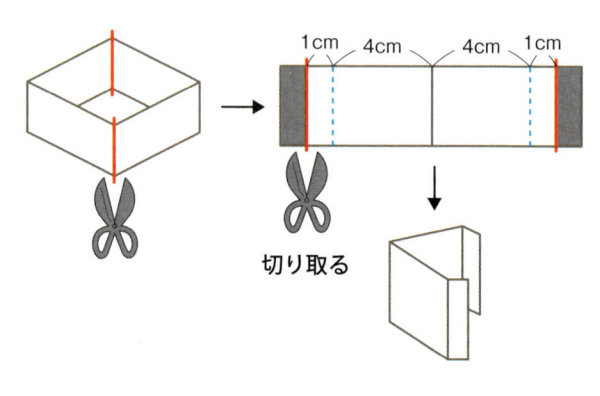

切り取る

❸ 5cmに切ったほうに❷の部分をはる。

❹ わりばしを図のサイズに切る。

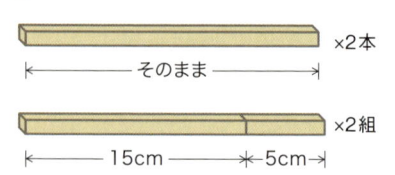

×2本
そのまま

×2組
15cm　5cm

❺ ❸ではった部分の角（内側）に合わせて、5cmのわりばしをはる。
前に2cm出るように、後ろを合わせてはる。

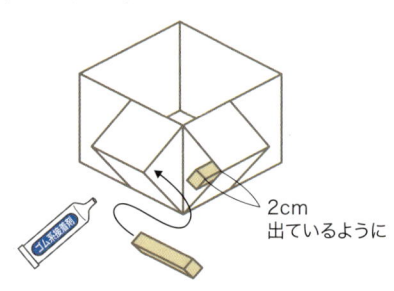

2cm出ているように

❻ 15cmのわりばし2本を図のようにゴム系接着剤ではり、かわくまでしばらくおく。カラースプレーで色をつけ、残りのわりばしにも色をつける。

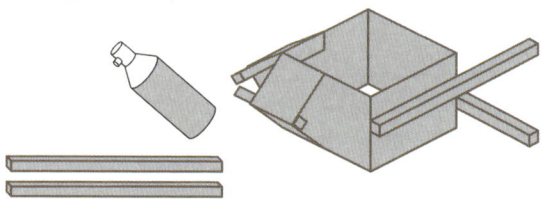

⑦ 色をつけたわりばしを輪ゴムで組む。※輪ゴムのかけ方は、23ページを見てね。

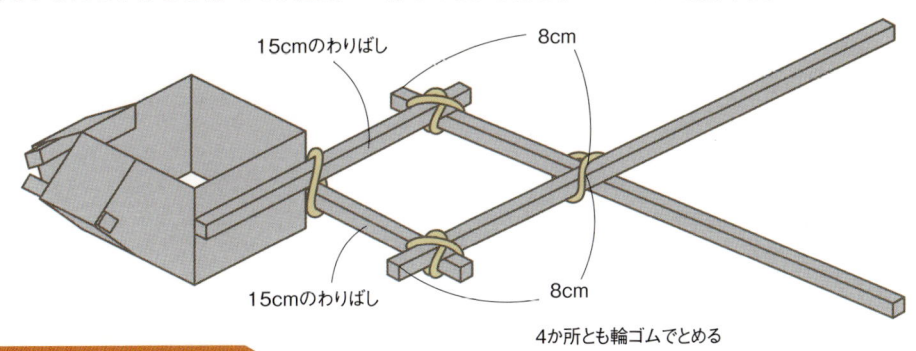

15cmのわりばし
8cm
15cmのわりばし
8cm
4か所とも輪ゴムでとめる

バネ人形の作り方

① バネ人形用の手や足を紙バネで作る。
※基本の紙バネの作り方は、10ページを見てね。

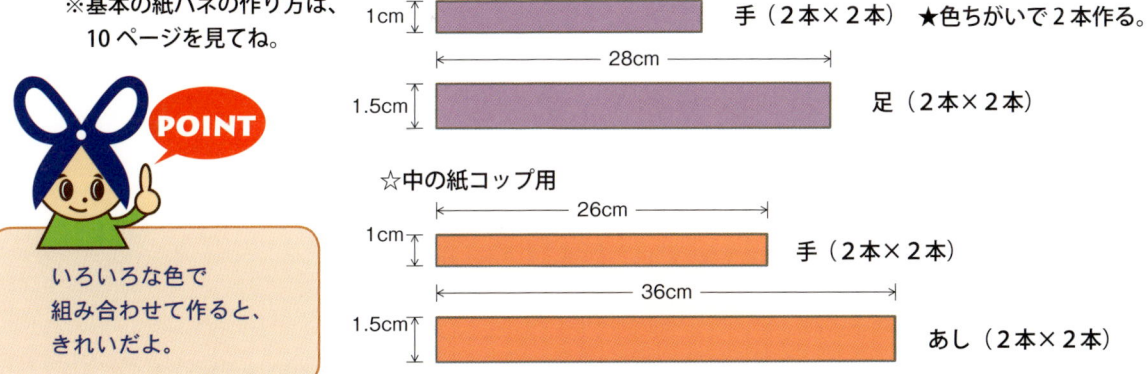

POINT いろいろな色で組み合わせて作ると、きれいだよ。

☆小の紙コップ用
1cm / 20cm　手（2本×2本）★色ちがいで2本作る。
1.5cm / 28cm　足（2本×2本）

☆中の紙コップ用
1cm / 26cm　手（2本×2本）
1.5cm / 36cm　あし（2本×2本）

② 紙コップに手をはり、足にたこ糸を図のようにはって、紙コップの内側の底にセロハンテープではる。

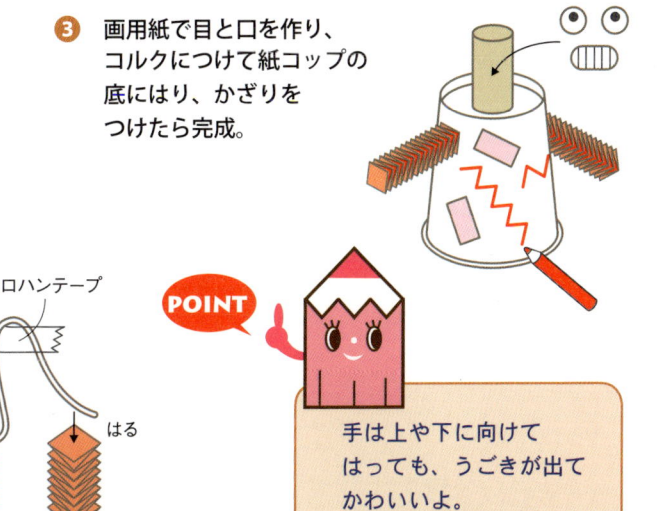

セロハンテープ
はる
はる

③ 画用紙で目と口を作り、コルクにつけて紙コップの底にはり、かざりをつけたら完成。

POINT 手は上や下に向けてはっても、うごきが出てかわいいよ。

155

第5章 あそぶ

54 星に向かって進むよ
うちゅう飛行士

いっぽうの手で
星を持って、
もういっぽうの手で
月を何度も
引いてみて。
**上にどんどん
のぼっていくよ。**

作り方 ▶ 158ページ

がんばれ！
がんばれ！

第5章 あそぶ

55 月まで行っちゃう⁉
スピードロケット

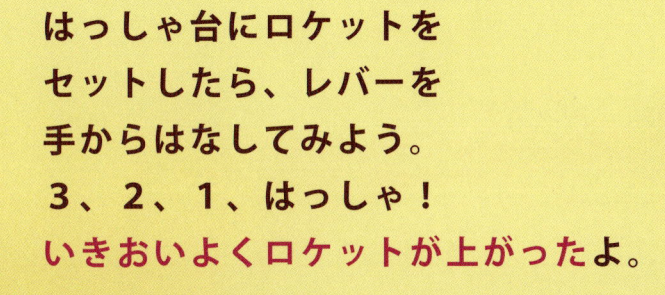

はっしゃ台にロケットを
セットしたら、レバーを
手からはなしてみよう。
3、2、1、はっしゃ！
いきおいよくロケットが上がったよ。

作り方 ▶ 159ページ

とんだ！

ADVICE

レバーを引くときは
黒い台のところを持って
しっかり安定させてね。

作り方	**54** うちゅう飛行士 作品 ▶ 156 ページ

型紙 ▶ 175 ページ

材　料
白い厚紙、竹ひご、輪ゴム 2 本、クリップ、たこ糸、キラキラ折り紙（かざり用）

道　具
はさみ、カッターナイフ、定規、木工用接着剤、油性ペン、のり、千枚通し

① 型紙に合わせて、うちゅう飛行士の体とうで 2 本、足 2 本を作る。
（体のうら側にも同じように絵をかこう）。
うでと足に切りこみを作る。
それぞれのパーツの穴の位置に穴をあけておく。
体をはさむようにうでをはる。

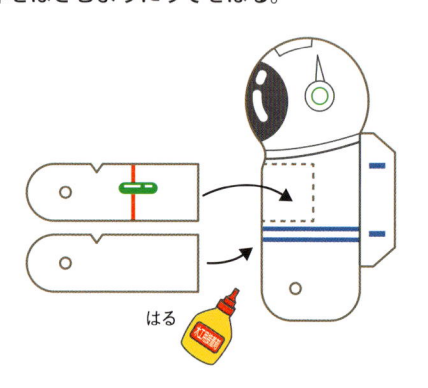

はる

② 竹ひごを 2.5cm に切り、4 本用意する。うでの穴に 1 本通す。足もうでと同じように体をはさみこみ、足の穴に 3 本を通す。

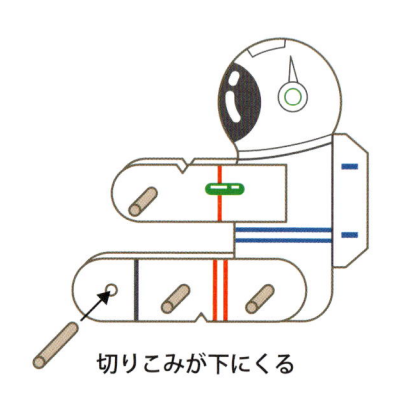

切りこみが下にくる

③ うでと足の切りこみに輪ゴムを 2 本はめる。たこ糸（60cm）を図のようにかける。
2 本のうでの先をクリップではさむ。

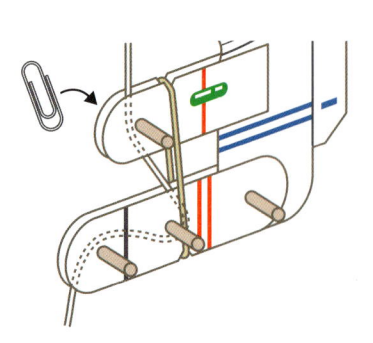

たこ糸がかけにくいときは、あしを少し広げる。

④ 厚紙で月と星を作り、キラキラ折り紙をはったら穴をあけ、たこ糸を通してはしをむすんだら、完成。

あそびかた

月のほうにうちゅう飛行士をよせて、いっぽうの手で星を、もういっぽうの手で月を持つ。
何度も月を引っぱるとのぼっていくよ。

作り方 55 スピードロケット
作品 ▶ 157ページ

材　料
直径1cmくらいのプラスチックのパイプ、紙コップ、輪ゴム3本、チーズなどの丸い箱、色画用紙、トイレットペーパーのしん、銀色の折り紙、わりばし

道　具
はさみ、めうち、水性ペンキ、はけ、セロハンテープ、ゴム系接着剤、のり、カッターナイフ、工作用のこぎり

❶ チーズなどの丸箱のフタに水性ペンキで色をぬる。かわいたら、中心部分にパイプの通る穴をあけておく。紙コップも同じように底の中心部分に穴をあける。

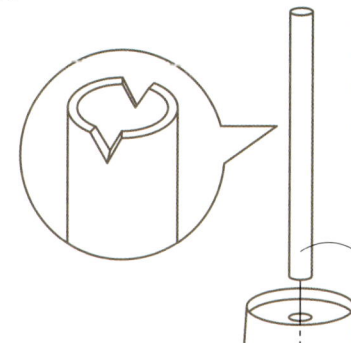

❷ ゴム系接着剤でチーズの丸箱に紙コップをはる。パイプの上部に輪ゴムをかけるための切りこみをつけ、パイプを紙コップの穴から通す。

パイプはチーズの丸箱の下箱まで通す

❸ わりばし（11cm）を黒くぬる。輪ゴムを3本つなぎ、パイプの上にかけ、セロハンテープをまきつけて上の方をしっかりとめたら、はっしゃ台の完成。トイレットペーパーのしんに銀色の折り紙をはり、色画用紙でつばさなどをつけたら、ロケットの完成。
※基本の輪ゴムのつなぎ方は、9ページを見てね。

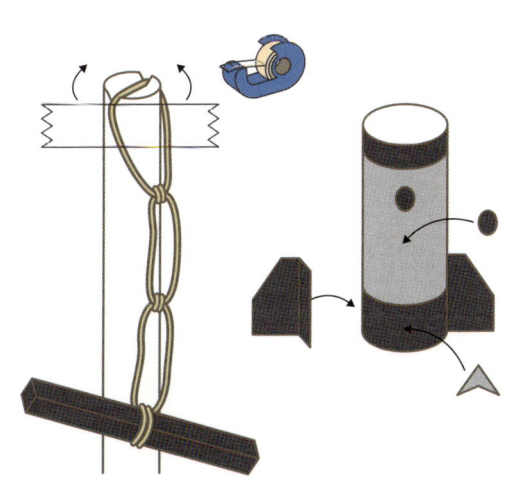

あそびかた
ロケットをパイプにはめ、わりばしを水平に持って引き下げ、手をはなすとロケットがはっしゃする。

やってみよう アレンジ 5

紙バネで 天使のスイングモビール

ふわんふわんと
たてにゆれて、
まるで天使がとんでいる
みたい！
友だちやお母さんへの
プレゼントにピッタリかもね。

材　料	………	色画用紙、糸、細い木の枝（または木や竹のぼう）、キラキラの色紙
道　具	………	はさみ、カッターナイフ、定規、木工用接着剤、千枚通し、水性ペン、のこぎり

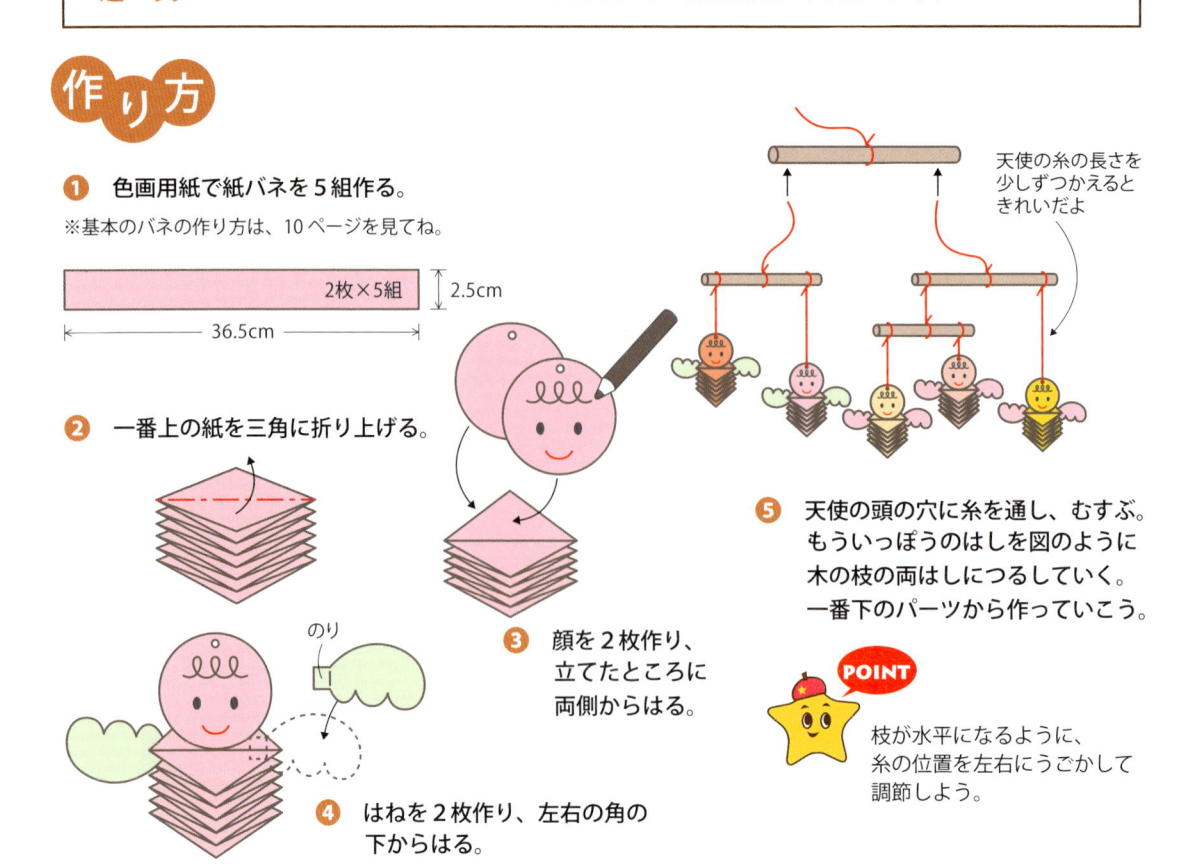

作り方

❶ 色画用紙で紙バネを5組作る。

※基本のバネの作り方は、10ページを見てね。

2枚×5組　2.5cm　36.5cm

❷ 一番上の紙を三角に折り上げる。

❸ 顔を2枚作り、立てたところに両側からはる。

のり

❹ はねを2枚作り、左右の角の下からはる。

❺ 天使の頭の穴に糸を通し、むすぶ。もういっぽうのはしを図のように木の枝の両はしにつるしていく。一番下のパーツから作っていこう。

天使の糸の長さを少しずつかえるときれいだよ

POINT
枝が水平になるように、糸の位置を左右にうごかして調節しよう。

コピーして使える！ 型紙

◎本書で紹介している作品の一部の型紙です。原寸でコピーし、必要な絵を切り分けてから拡大すると、むだがありません。

◎型紙は原寸のまま、お使いいただけるものと、125%、200%、250%に拡大すると、ちょうどよい大きさになるものとの4種類があります。作品名付近にあるマークを見ながら、お使いください。

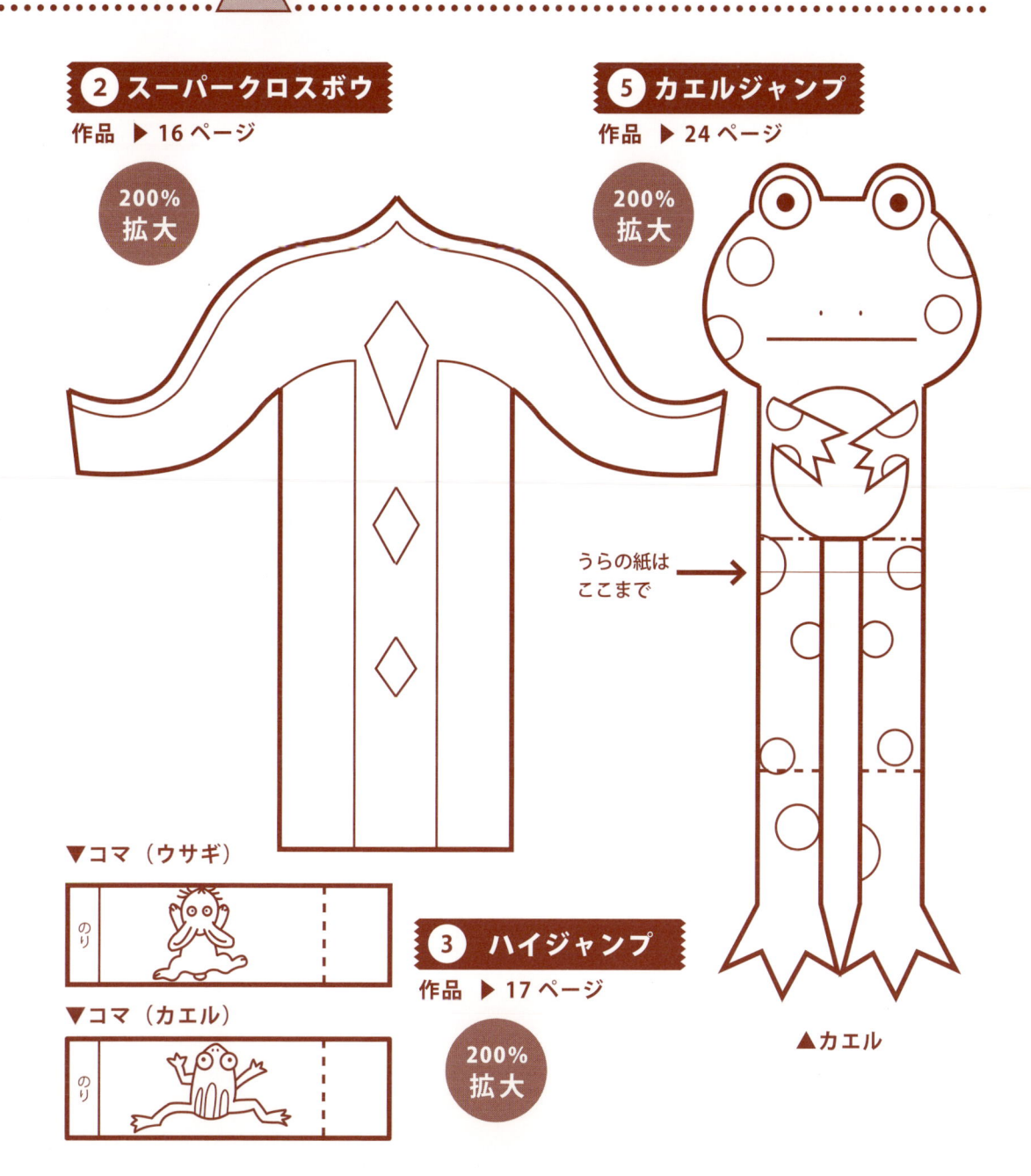

❷ スーパークロスボウ
作品 ▶ 16ページ

200%拡大

▼コマ（ウサギ）

▼コマ（カエル）

❺ カエルジャンプ
作品 ▶ 24ページ

200%拡大

うらの紙はここまで →

▲カエル

❸ ハイジャンプ
作品 ▶ 17ページ

200%拡大

161

6 レーシングカー
作品 ▶ 25 ページ

200%拡大

▲チェッカーフラッグ

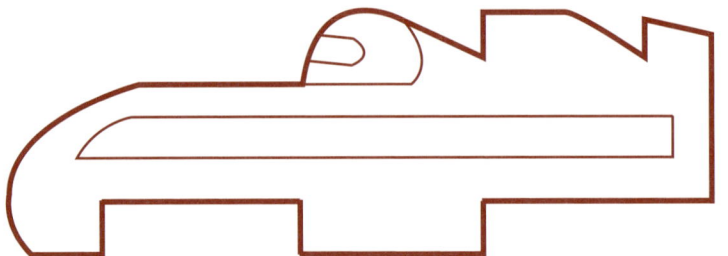

◀レーシングカー

7 イルカの輪なげ
作品 ▶ 28 ページ

200%拡大

▼イルカ

8 キツネのす
作品 ▶ 29 ページ

200%拡大

▲耳 　　▲しっぽ

10 はらはらロケットゲーム
作品 ▶ 36 ページ

200%拡大

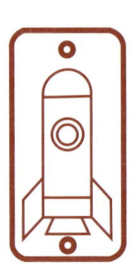

◀ロケット

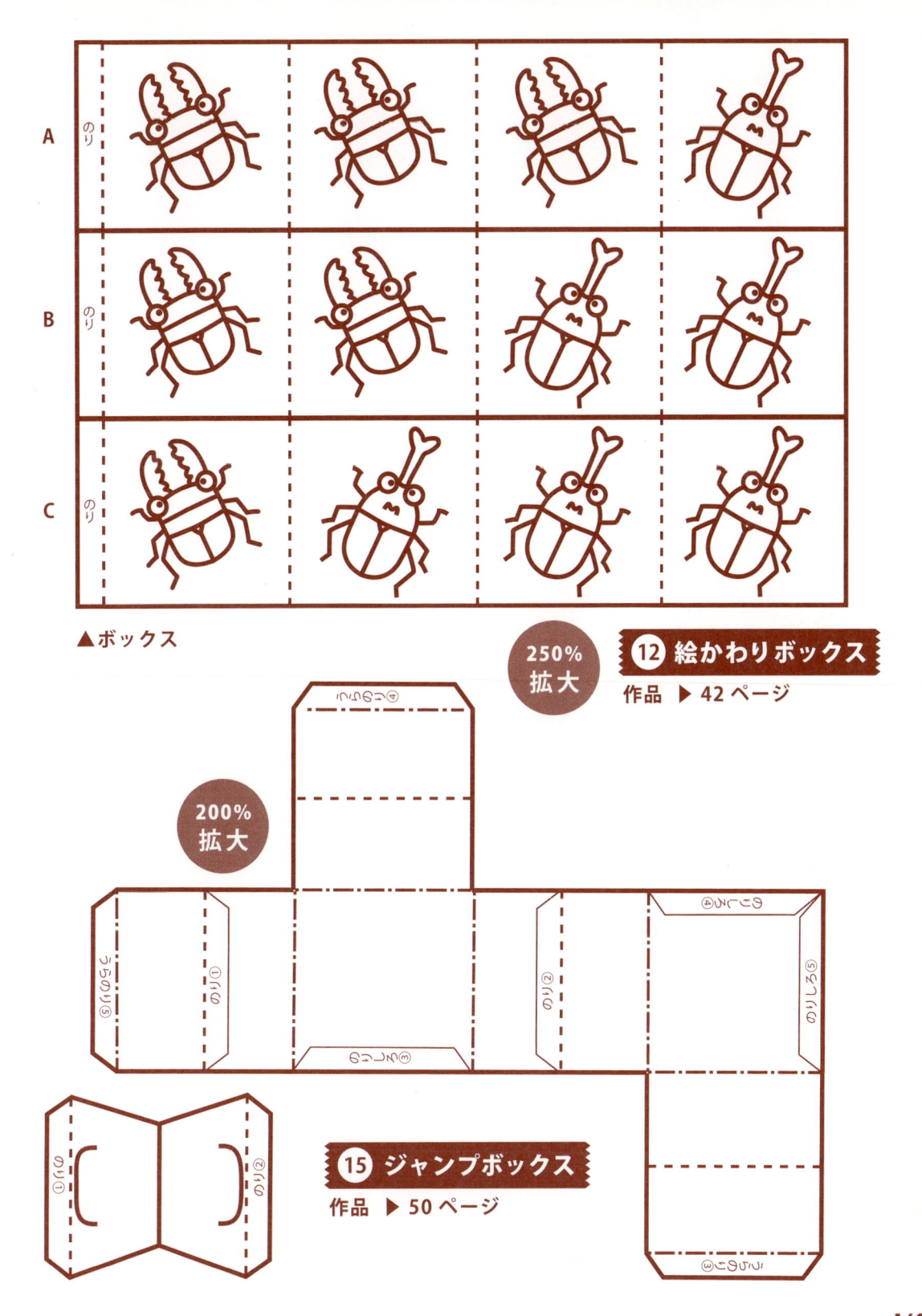

▲ボックス

250%拡大

⑫ 絵かわりボックス
作品 ▶ 42ページ

200%拡大

⑮ ジャンプボックス
作品 ▶ 50ページ

163

17 スプリングペンギン
作品 ▶ 54 ページ

200% 拡大

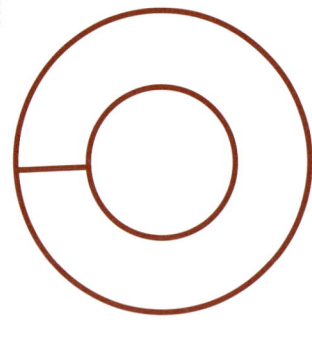

▲リング 　　▲ペンギン

19 もどるくるま
作品 ▶ 59 ページ

200% 拡大

▲うさぎ  　　▲りす

▲こうさぎ

21 ふきゴマ
作品 ▶ 68 ページ

200% 拡大

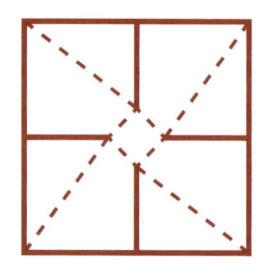

▲ふきゴマ

22 ゾウのヨーヨー
作品 ▶ 69 ページ

200% 拡大

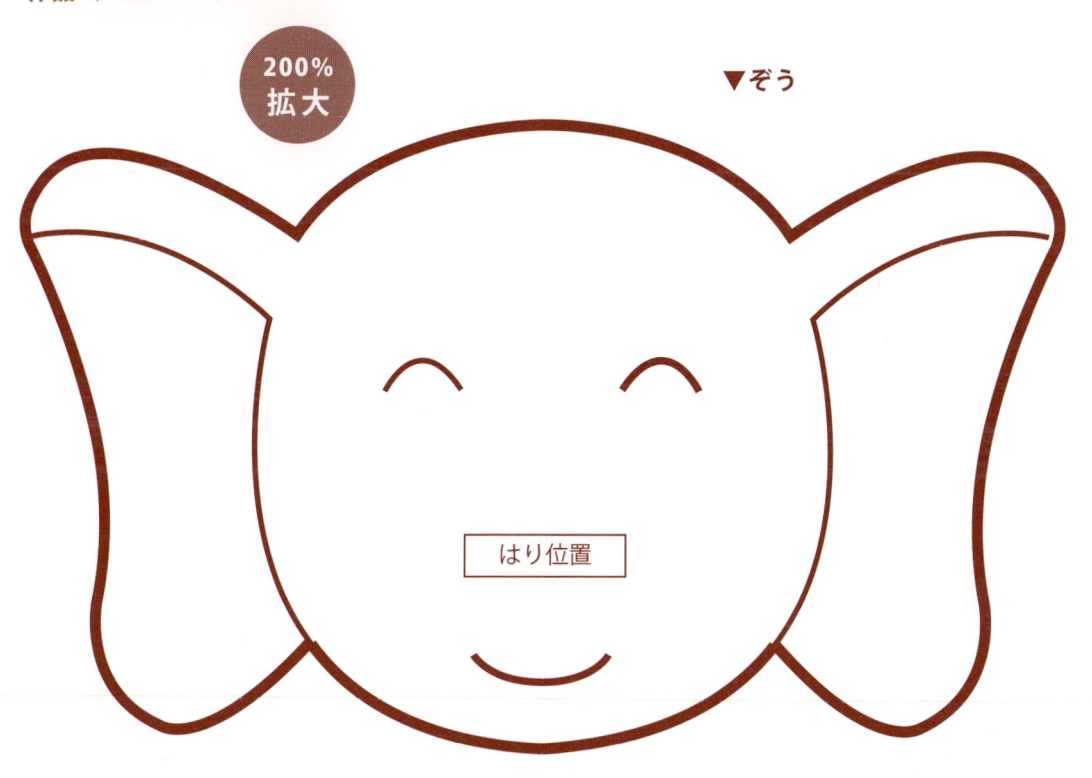

▼ぞう

はり位置

23 シャボンだまピエロ
作品 ▶ 72〜73 ページ

200% 拡大

▲ピエロ（おもて） 　　▲ピエロ（うら） 　　▲バレリーナ

㉕ ひこうきタワー
作品 ▶ 77ページ

原寸大
◀ ひこうき

㉗ パンダ
作品 ▶ 81ページ

原寸大

▲パンダ

※パンダは黒く色がぬられているものと自分ですきな色がぬれるものとの2種類を紹介しているよ。

▲パンダ（はこ用）

㉘ メリーゴーランド
作品 ▶ 84〜85ページ

原寸大

▼うま

▼塔

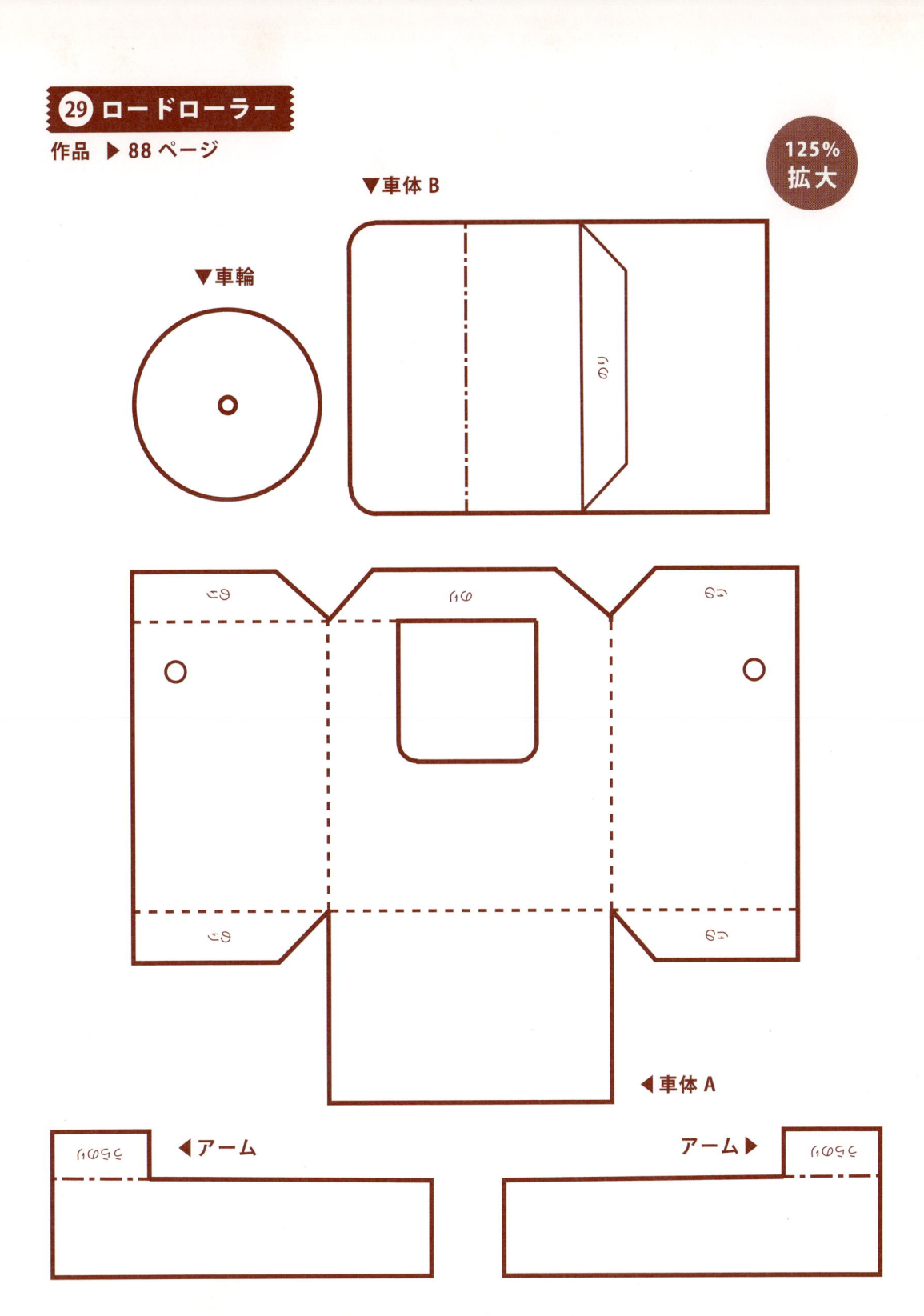

29 ロードローラー
作品 ▶ 88ページ

125% 拡大

▼車輪

▼車体B

◀車体A

◀アーム　　　　　アーム▶

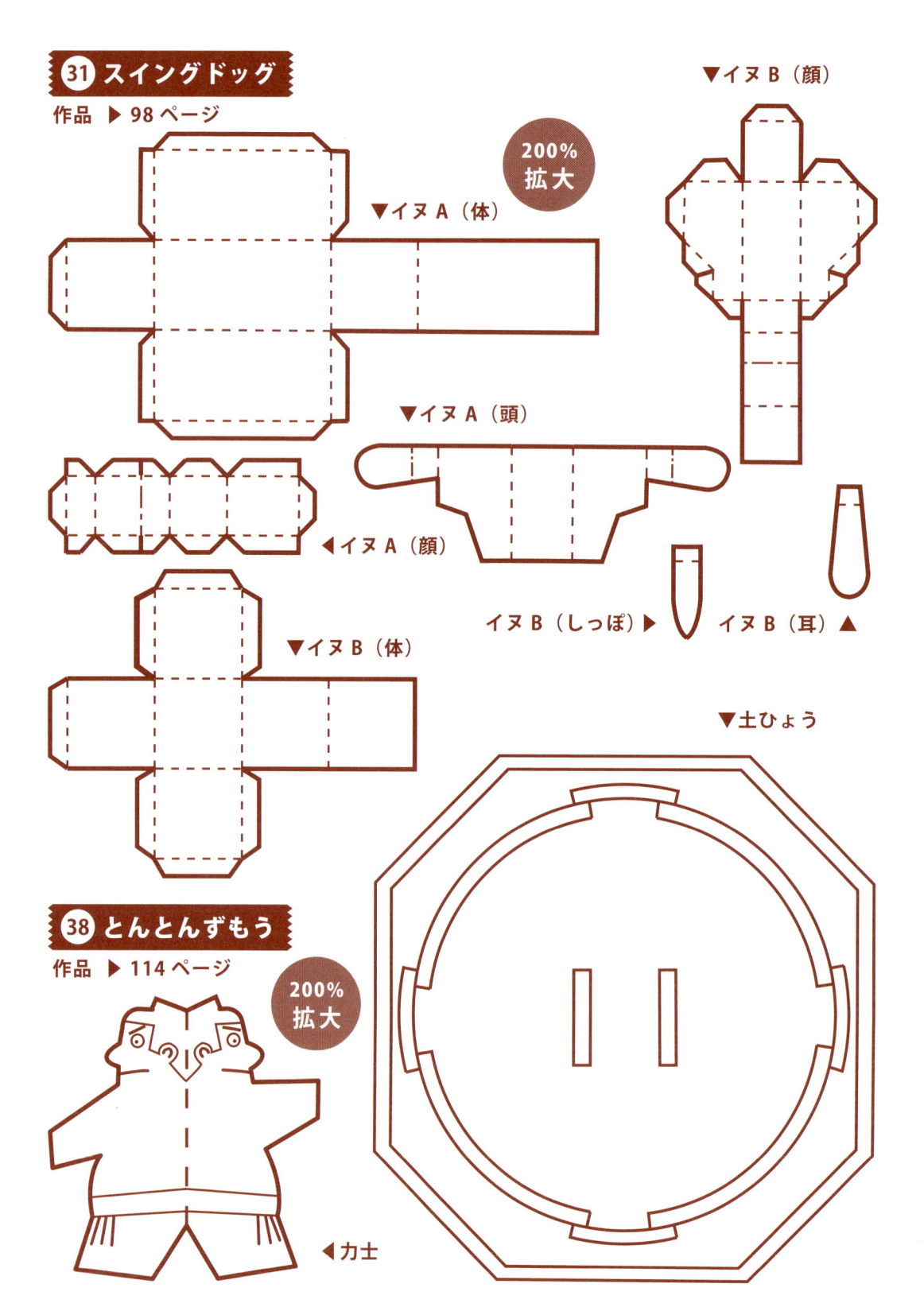

31 スイングドッグ
作品 ▶ 98ページ

200％拡大

▼イヌA（体）

▼イヌB（顔）

▼イヌA（頭）

◀イヌA（顔）

▼イヌB（体）

イヌB（しっぽ）▶　イヌB（耳）▲

▼土ひょう

38 とんとんずもう
作品 ▶ 114ページ

200％拡大

◀力士

168

㊴ 正直者のサル
作品 ▶ 115 ページ

原寸大

▲ハチ 　▲バナナ 　▲リンゴ

▲サル

㊵ コアラ
作品 ▶ 118 ページ

原寸大

◀コアラ A 　◀コアラ B

㊶ びっくりピエロ
作品 ▶ 119 ページ

原寸大

ぼうし▶

㊷ とべとべプテラノドン

作品 ▶ 122～123ページ

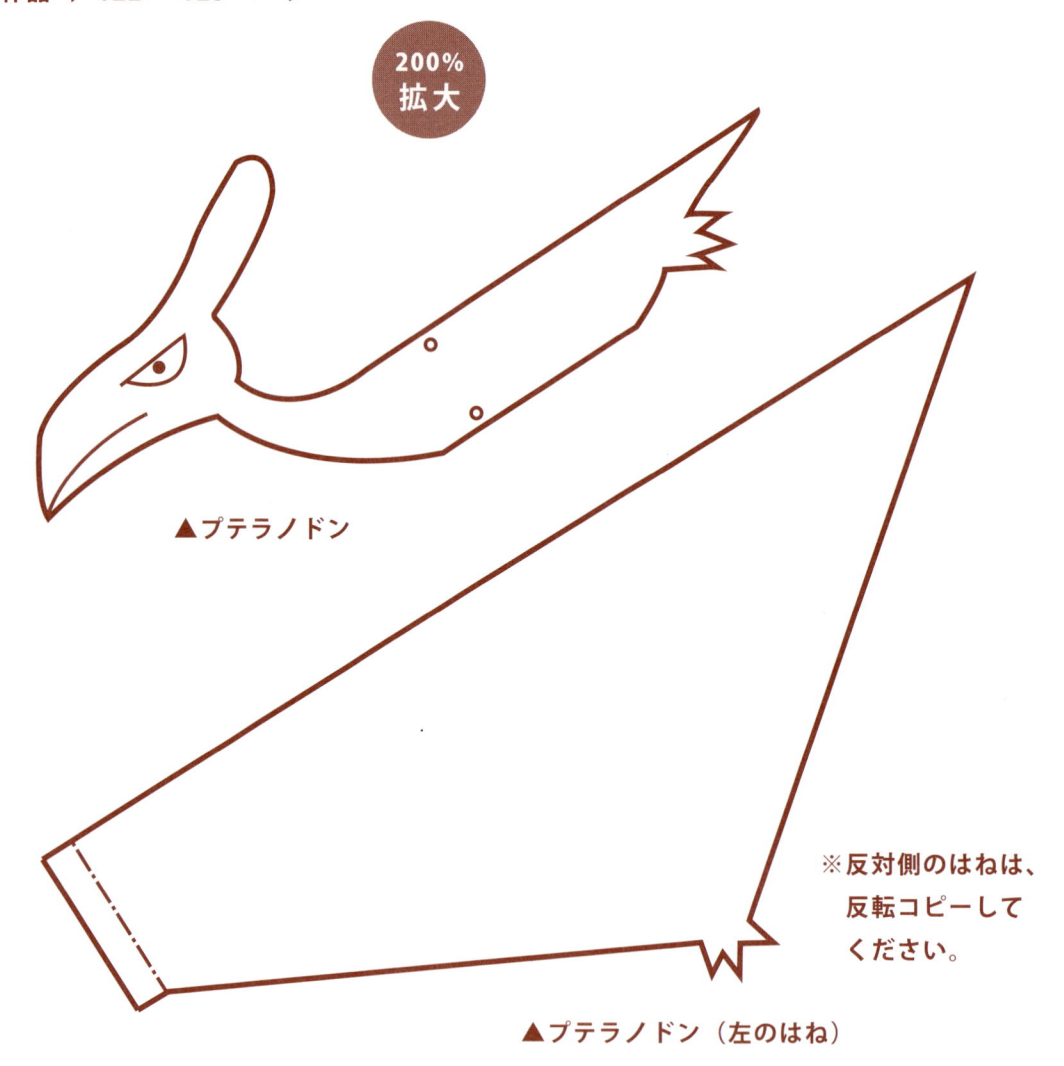

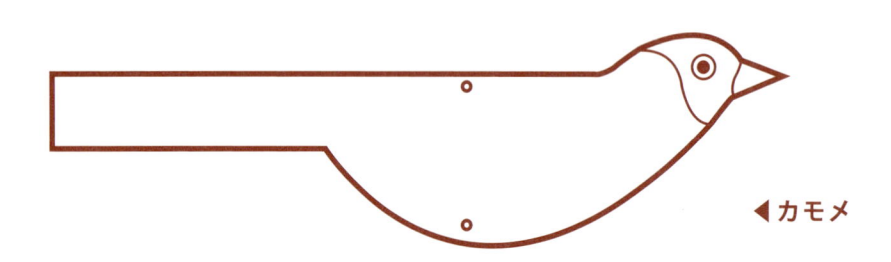

200％拡大

▲プテラノドン

※反対側のはねは、反転コピーしてください。

▲プテラノドン（左のはね）

◀カモメ

44 プレーリードッグ

作品 ▶ 129ページ

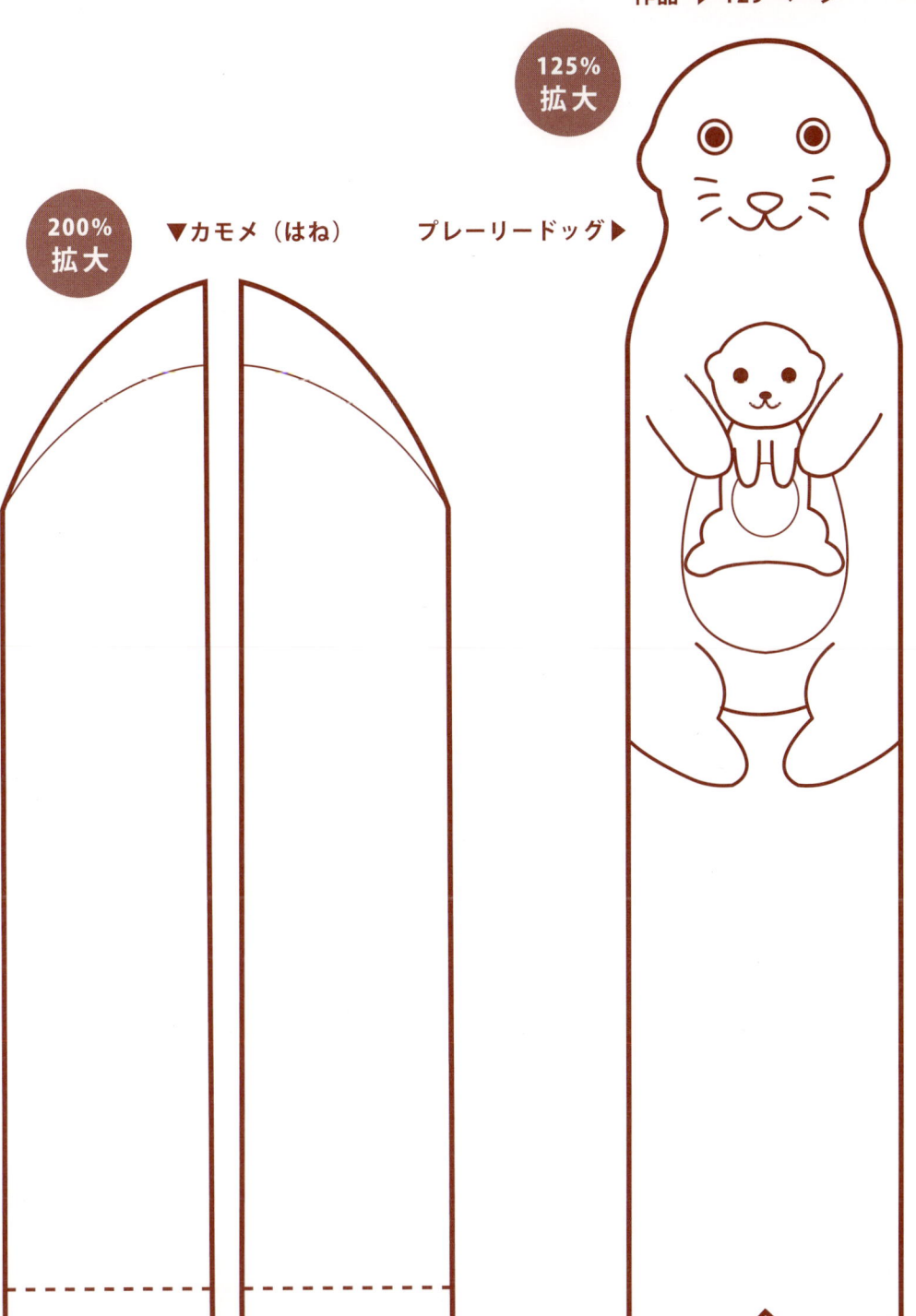

125% 拡大

▼カモメ（はね）　プレーリードッグ▶

200% 拡大

171

46 シャクトリムシ
作品 ▶ 136 ページ

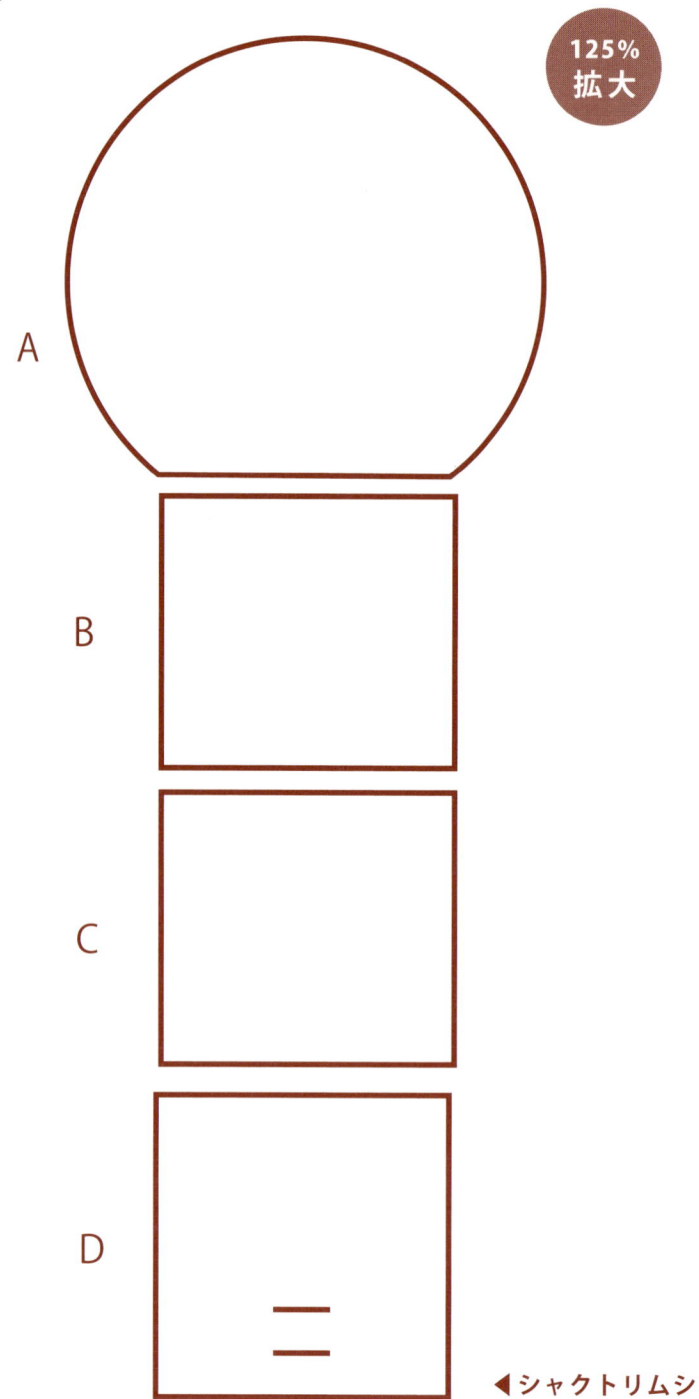

125% 拡大

A

B

C

D

◀ シャクトリムシ

48 アコーディオン
作品 ▶ 140 ページ

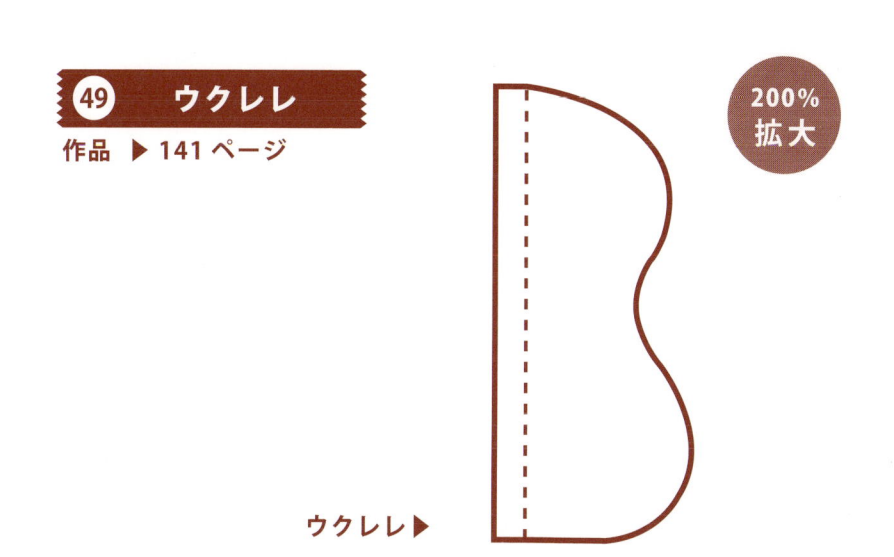

200% 拡大

◀ ピエロ

49 ウクレレ
作品 ▶ 141 ページ

200% 拡大

◀ ウクレレ

173

52 でかでかはく手マシーン

作品 ▶ 149ページ

原寸大

手 ▶

54 うちゅう飛行士

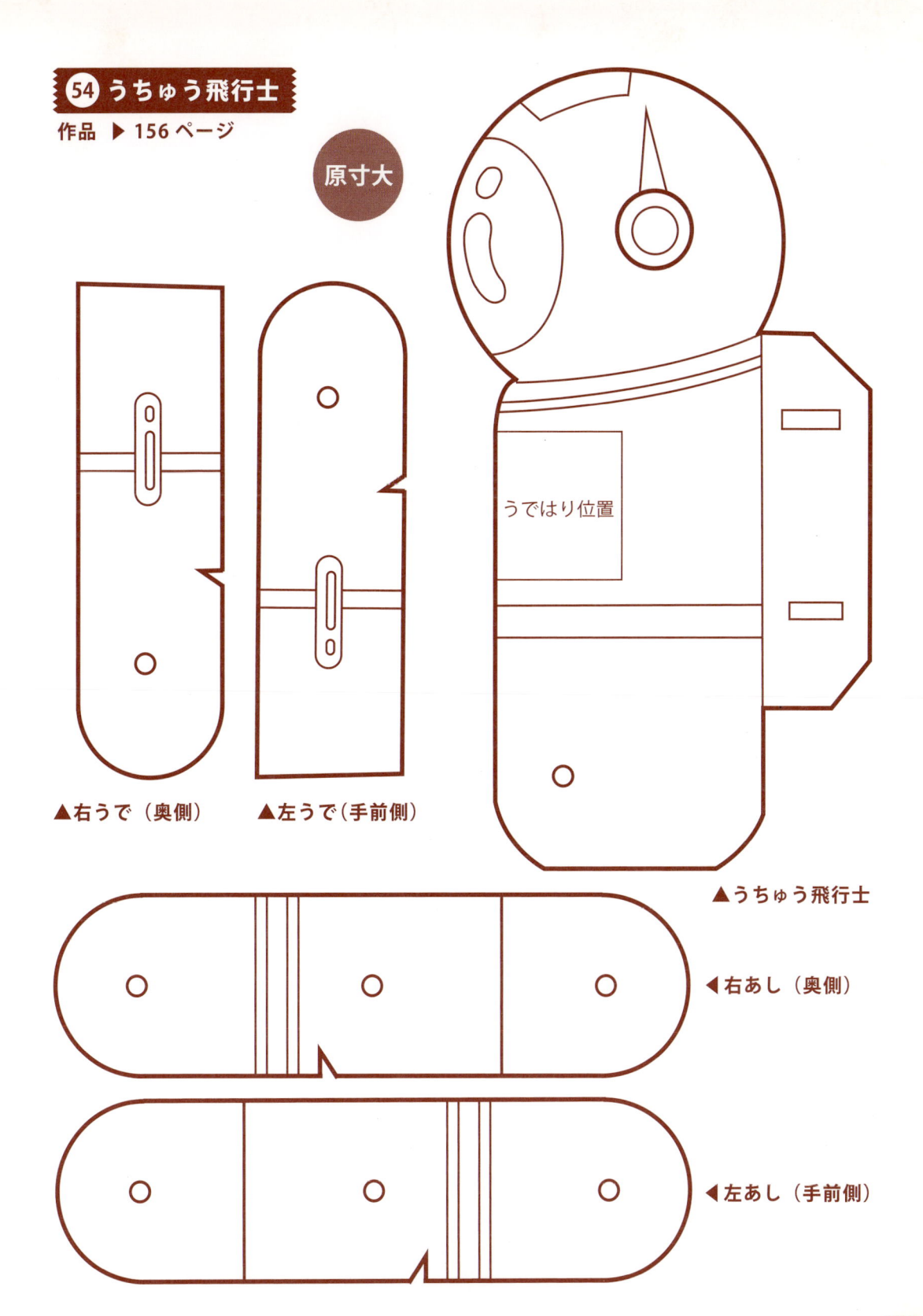

作品 ▶ 156ページ

原寸大

うではり位置

▲右うで（奥側）　▲左うで（手前側）

▲うちゅう飛行士

◀右あし（奥側）

◀左あし（手前側）

175

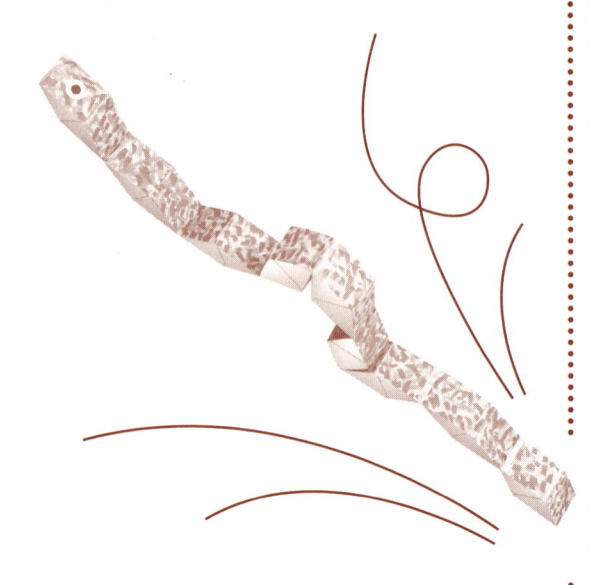

● 著者略歴

近藤芳弘、石川ゆり子
（K&B STUDIO）

いろいろな工作の考案・制作、めいろやパズル、クイズの考案、立体クラフト、ジオラマ制作などを、主に児童雑誌で展開している。著書に、『紙の工作大百科』（あかね書房）、『作ってみよう！リサイクル工作68』（成美堂出版）、『超かっこいい！男の子の手作り自由工作BOOK』（主婦と生活社）、「アンパンマンのゲームの本」シリーズ（フレーベル館）などがある。

PHP
ビジュアル
実用BOOKS

紙バネ・紙ゼンマイ・輪ゴムでわくわくおもちゃ

2012年7月4日第1版第1刷発行

著　者	近藤芳弘、石川ゆり子
発行者	小林成彦
発行所	株式会社PHP研究所

東京本部　〒102-8331　千代田区一番町21
　生活文化出版部　☎03-3239-6227（編集）
　普及一部　　　　☎03-3239-6233（販売）
京都本部　〒601-8411
　京都市南区西九条北ノ内町11

PHP INTERFACE　http://www.php.co.jp/

印刷所・製本所　凸版印刷株式会社

©Yoshihiro Kondo, Yuriko Ishikawa
2012 Printed in Japan
落丁・乱丁本の場合は
弊社制作管理部（☎03-3239-6226）へご連絡下さい。
送料弊社負担にてお取り替えいたします。
ISBN978-4-569-80381-4

制作、型紙制作	／近藤芳弘、石川ゆり子、コンドウシマ（K&B STUDIO）
装　丁	／近江デザイン事務所
ロゴ制作	／藤田大督
本文デザイン、キャラクターイラスト	／嶋田英津子（ETSU DESIGN STUDIO）
本文レイアウト、DTP	／ニシ工芸株式会社
イラスト	／坂川由美香
装丁・本文撮影	／村上圭一
撮影協力（50音順）	／荻原青空、冨田惟斗、村林優馬
編集協力	／漆原泉、加藤千鶴、株式会社童夢